Meinen Söhnen gewidmet

Mein besonderer Dank gilt Frau Dr. Lisa Dummer
für ihre fachliche und persönliche Unterstützung.

Mechthild Firnhaber

Legasthenie

Wie Eltern helfen können

 Fischer
Taschenbuch
Verlag

Originalausgabe
Fischer Taschenbuch Verlag
Juni 1983

Umschlaggestaltung: Jan Buchholz/Reni Hinsch
Foto: Harro Wolter

Fischer Taschenbuch Verlag GmbH, Frankfurt am Main
© Fischer Taschenbuch Verlag GmbH, Frankfurt am Main 1983
Gesamtherstellung: Hanseatische Druckanstalt GmbH, Hamburg
Printed in Germany
680-ISBN-3-596-23327-5

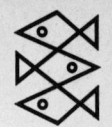

Über dieses Buch Von allen anderen Veröffentlichungen über Legasthenie unterscheidet sich dieses Buch in einem sehr wesentlichen Punkt: Die Autorin ist Mutter von zwei schwer legasthenischen Söhnen. Sie weiß deshalb aus eigener Erfahrung sehr genau, was Legasthenie für die Kinder und die Familie bedeutet. So werden Eltern in diesem Buch alles finden, was sie über die Legasthenie und ihre Erscheinungsformen wissen sollten, wie sie die Sorgen und Probleme des Schultages bewältigen und in jedem einzelnen Fach wirksam helfen können. Die gründlichen Kenntnisse der Verfasserin im Sekundarbereich der weiterführenden Schule werden für viele besonders hilfreich sein; dazu gehören vor allem ihre Erfahrungen auf dem Gebiet der Fremdsprachenlegasthenie, die sie in einem gesonderten Kapitel behandelt. Ausführlich wird auch darauf eingegangen, wie Eltern eine Legastheniebehandlung ihres Kindes selber durchführen können.
Dieses Buch macht allen betroffenen Eltern Mut. Sie erfahren, daß Legasthenie kein unabwendbares Schicksal ist. Mit der Legasthenie zu leben und sie zu bessern – das läßt sich lernen!

Die Autorin Mechthild Firnhaber, Jahrgang 1936, übernahm vor zwölf Jahren die Therapie ihrer beiden von der Legasthenie besonders betroffenen Söhne, weil sie keine andere Möglichkeit sah, um ihnen zu helfen. Inzwischen berät sie auf dem Gebiet der Legasthenie Eltern, Pädagogen und Ärzte.

Inhalt

Einführung:
Die Leiden des jungen D. oder
Ein Drama in unzähligen Akten mit unerwartet gutem Ausgang

Das Foto vom September 1971 zeigt zwei fröhliche Jungen, die Schultüte im Arm. Der Klassenlehrer – das Pensionsalter bereits überschritten – versichert den Eltern, daß ihre Kinder in Kürze alle Straßenschilder lesen könnten. Zu Weihnachten könne man ihnen dann Bücher schenken. Er lehrt die alte Buchstabenmethode, Beginn mit Blockschrift.

Als die Klassenkameraden bereits Straßenschilder lesen, manche auch schon Zeitungsüberschriften, sitzt die Mutter der oben genannten Knaben auf dem Sofa, die Fibel auf dem Schoß. Rechts und links die Söhne, gar nicht mehr strahlend. Sie üben den Buchstaben »H« – aber sie lernen ihn nicht. Der Vorname ihrer Lieblingstante fängt mit H an. Die Mutter versucht es damit. Nichts geht. »Aber Mami, wir geben uns doch solche Mühe, wirklich!« Täglich dasselbe, täglich Verzweiflung. Oft genug endet der Leseversuch mit Tränen – nicht nur bei den Söhnen. Die Eltern sind ratlos. Für so unbegabt hatten sie die Kinder nicht gehalten.

Weihnachten gibt es nur bei ihnen keine Bücher, dafür bittet der Lehrer die Mutter nach den Ferien in die Schule. »Es ist doch wohl klar, daß Ihr Sohn D. in eine Sonderschule überwiesen werden muß.« Da ihr dies gar nicht klar ist, darf sie eine Schulstunde aus dem Hintergrund miterleben. Die Mutter wußte von Kreidestücken des Lehrers, die dem unaufmerksamen D. an den Kopf geflogen waren, wußte, daß er vor Schreck geweint hatte, wußte, daß dieser Pädagoge D.s Heft der Klasse zeigte mit den Worten: »Seht mal her, wie D. das Wort ›Kamel‹ geschrieben hat!« Johlender Beifall war dem Lehrer sicher. Was sie an diesem Tag sieht, trifft sie wie ein Keulenschlag. Der sonst so redegewandte, lebhafte, fröhliche D. sitzt mit tief gesenktem Kopf, schaut die ganze Stunde kein einziges Mal umher, sagt nichts.

Der ältere Sohn sitzt zwar aufmerksam da, sagt aber ebenfalls nichts.

Die Söhne werden dem Leiter der kinderpsychiatrischen Klinik in G. vorgestellt. Dort verfügt man schon damals über mehrjährige Erfahrung mit legasthenen Kindern. Diagnose beim älteren Jungen: gerade noch meßbare Schwerstlegasthenie, Diagnose beim jüngeren (D.): nicht mehr meßbare Schwerstlegasthenie! Da D.s Lehrer weiterhin die Sonderschule bevorzugt, Antrag auf zeitweise Befreiung vom öffentlichen Schulbesuch. Die Niedersächsischen Behörden erteilen die Erlaubnis. Noch vor Ende des 1. Schuljahres versucht eine angehende Sonderschulpädagogin, D. Lesen und Schreiben beizubringen. Die Mutter selber versucht es weiter mit dem älteren Sohn W.

Beide Lehrenden besitzen keine Erfahrung auf dem Gebiet der Legasthenie, aber lesen fleißig Literatur darüber, verschaffen sich Material, begehen sicher viele Fehler, aber es scheint, als wenn D. kleinste Fortschritte machen würde. Ende des Jahres Umzug nach Hessen, stufenweise Wiedereinschulung ins 2. Schuljahr. Mühsam und schon fast erschöpft, versuchen Mutter und Sohn den geforderten Zielen nachzujagen – ohne sichtbaren Erfolg. Legasthenie-Unterricht privat bei einer Lehrerin, die ihm soviel Angst einjagt, daß D. am Abend vor dem Unterricht nicht einschlafen kann, am Morgen Bauchschmerzen hat.

Inzwischen Gründung des Bundesverbandes Legasthenie. Die Eltern sind unter den ersten Mitgliedern. Die Mutter erhält hilfreichen Rat, besucht alle Tagungen und später Kongresse, sucht Kontakt mit erfahrenen Legasthenie-Therapeuten, liest alles, was es über Legasthenie gibt, und entschließt sich schweren Herzens, D. vom 3. Schuljahr an selbst zu behandeln. Im Dorf, in dem die Familie lebt, findet sich keine andere Lehrkraft, weite Fahrten in die Stadt würden D. überfordern. D. kann zu diesem Zeitpunkt noch nicht lesen, ganz zu schweigen vom Schreiben. Sein Klassenlehrer in der 3. und 4. Klasse ist überzeugt, daß die einzig mögliche Schulform für D. die Sonderschule sei. Legasthenie hält er für eine dumme Erfindung. Die mehrfach in der Universitätsklinik in G. angefertigten Intelligenztests, die D. immerhin eine recht hohe Intelligenz bescheinigen, erklärt er alle für einen Irrtum. Dieser Herr wirft mit dem Schlüsselbund. Die Schulleiterin erklärt täglich: »D. braucht nichts zu sagen, er weiß ja doch nichts«, seine Meldungen übersieht sie schlichtweg. Die Klasse findet bald heraus, daß es D. tief trifft, wenn man ihn »Professor der Doofheit« nennt oder »D., der Doofe« im Dorf hinter ihm hergrölt. Um nicht noch mehr Sympathie zu verlieren, wehrt sich D. nicht, wenn man ihm Schreibzeug und Schulfrühstück wegnimmt. »Es hat keinen Sinn, Mami, wenn ich mich wehre, es wird alles nur noch schlimmer.« Wenn er mit Nachbarskindern spielen will, schicken die Eltern ihn fort mit der Bemerkung: »Du brauchst gar nicht erst zu kommen. Du bist ja dummer als alle Kinder dieser Straße.«

D. versucht, sich die Liebe der Klassenkameraden zu erkaufen. Sein gesamtes Taschengeld setzt er in Eis und Süßigkeiten um für andere. Sie werfen ihm das Eis vor die Füße und johlen. Er beginnt, seine liebsten Spielzeuge zu verschenken. Ehe die Mutter einschreiten muß, hat D. mit 8 Jahren es selbst begriffen: Freunde kann man sich nicht erkaufen. Dies war das erste Gespräch am Abend; eines von unzähligen, bis in die Nacht, die Mutter auf seinem Bettrand, der Sohn verzweifelt schluchzend in ihren Armen. »Warum? Was habe ich getan? Warum bin ich dummer als die anderen? Was soll ich tun?«

Mitte des 4. Schuljahres kann D. mehrere Monate die Schule nicht besuchen, da Augenoperationen notwendig geworden sind. Der Plan der Eltern: Herausnahme aus der 4. Klasse, freiwillige Wiederholung, diese aber nicht am Ort, um ihn vor weiteren Diskriminierungen zu schützen, außerdem zunächst ein halbes Jahr zu Hause in Ruhe Legastheniebehandlung. Der Schulrat steht diesem Ansinnen fassungslos gegenüber, total überfordert. Der Oberschulrat im Regierungspräsidium wälzt Paragraphen. Für humane Entscheidungen ist er nicht zuständig, ablehnender Bescheid. Als er im Verlauf des Gespräches erfährt, daß die Eltern sogar den Plan haben, D. später auf ein Gymnasium zu schicken, schlägt er mit der Faust auf den Tisch und sagt: »Sie werden an mich und an diesen Tag noch denken: Dieses Kind gehört nicht in ein Gymnasium.« Nun, sie denken an ihn – noch oft –, aber nicht so, wie er es sich gedacht hatte!

Der nächste Schritt: Vorsprache im Kultusministerium. Man ist sehr verständnisvoll, bemüht zu helfen, aber leider – der Behördenweg muß eingehalten werden. Die Gutachten der Universitätsklinik in G. können nicht anerkannt werden – sehr bedauerlich. Der Behördenweg ist möglich, aber fast ein Jahr könne es dauern, bis alles geregelt sei.

Ein Jahr so weitermachen, dann ist das Kind am Ende. Deprimiert fahren die Eltern heim.

Am nächsten Tag – ganz ohne Hoffnung – letzter Versuch zur Rettung von D. Anruf beim Schulrat des Nachbarkreises, in den D. jetzt eingeschult werden soll. Das Wunder geschieht: Eine unbürokratische, schnelle, menschliche Entscheidung wird getroffen. Der Schulrat, der Legasthenikerleid vom Nachhilfeunterricht, den seine Frau gibt, sehr genau kennt, erlaubt den halbjährigen Aufenthalt von D. zu Hause, einzige Bedingung: einmal wöchentlich Unterricht bei einem Deutschlehrer. Diesem Schulrat genügten die Gutachten aus G. Er glaubte ihnen, brauchte keinen Obergutachter. Auch die Einschulung danach im Nachbarkreis für die 2. Hälfte des 4. Schuljahres wurde von ihm geregelt. Dieser Schulrat bekommt jedes Jahr einen Anruf von der Mutter: Bericht über die weiteren Fortschritte von D., dem er in einer verzweiflungsvollen Phase seines Lebens entscheidend geholfen hat.

Das halbe Jahr zu Hause bezeichnet D. noch heute als die schönste Zeit seines Lebens. In Ruhe und nach festem Plan üben Mutter und Sohn Lesen und Schreiben, tun alles, was Legastheniker gern tun: Schreibmaschine schreiben, die Arbeit mit dem Kassettenrecorder, Spiele spielen und auch das tun, was sich die Mutter so ausdenkt an Übungen. Für jede Stunde, die sie ihm gibt, muß sie sich auch eine Stunde vorbereiten. Sie ist ja keine Lehrerin, aber beiden – dem Sohn und der Mutter – macht das alles großen Spaß. Die vielen Hobbies, die er hat, darf er alle ausüben: Volkstanz mit angeschlossenem Entspannungstraining, Malen, Basteln, Modellieren bei einer großzügigen, jungen Kunstlehrerin, Jagdhorn blasen und Singen als einziges, umsorgtes Kind in einem kleinen Kirchenchor. Das Voltigieren gibt er bald wieder auf, denn da wird nur Leistungssport getrieben, nie ein Lob, immer nur Kritik, noch einmal, noch besser machen! Davon hatte er in der Schule genug, das wollte er nicht. Das halbe Jahr ist nicht nur für Gemüt und Seele des D. ein voller Erfolg. Ein meßbar traumhafter Erfolg zeigt sich auch im erneut durchgeführten Lese-Rechtschreibtest.

Wiedereinschulung im Nachbarort. Die ältere, mütterlich-warmherzige Lehrerin braucht keine Woche, um zu erkennen, daß bei D. keine angeborene Dummheit vorliegt. Sie setzt ihn zu den 5 Kindern (von 40!), die sie speziell fürs Gymnasium fördert! Eine Atempause für Mutter und Sohn, selbst im Rechnen gelingen gute Zensuren, obwohl D. auch eine sehr schwere Rechenlegasthenie hat.

Hinter den Eltern liegt inzwischen schon die Suche nach einem geeigneten Gymnasium für Legasthenie-Kinder. Die Gespräche mit den Direktoren der Oberschulen verlaufen alle gleich. »Rücksicht auf Legastheniker? Nein, tut mit leid, ist völlig ausgeschlossen.« Nur eine einzige Direktorin hatte – noch bevor der nun geltende gute hessische LRS-Erlaß herauskam – anders gedacht und gehandelt. Dort besuchte D.s Bruder W. inzwischen die Schule, die Legasthenie war zwar gebessert, aber die Fremdsprache brachte ihm einen Rückschritt für einige Zeit.

Nun der Start mit D. Zunächst Glück auf der ganzen Linie. Endlich wird D.s Verstand gefordert. Und denken kann er ja, dazu bedarf es keiner Buchstaben. Aber bald wittert die Klasse Unrecht – unterstützt von den Lehrern, die – mit Ausnahme der Deutschlehrerin – kein Verständnis für die Schwierigkeiten eines Legasthenikerkindes aufbringen. Zwar zwingt später der Erlaß sie, Fehler und Diktate nicht zu werten, aber man streicht trotzdem alles rot an, doppelt unterstrichen den Fehler, am Rand nochmals ein roter Strich, die 5 oder 6 zwar in Klammern, aber deutlich sichtbar unter der mißlungenen Arbeit. Der Religionslehrer sieht nicht ein, warum D. nicht wenigstens »Zebaoth« richtig schreiben kann – das könne er wenigstens für eine Klassenarbeit verlangen! In Erdkunde bekommt er für die Führung des Heftes (obwohl von der Mutter alle Fehler verbessert worden sind) ein: »Katastrophal, völlig unleserliche Schrift – nicht zu benoten.« In anderen Fächern ist es ähnlich.

Regelrecht sadistisch gequält wird D. vom Mathematiklehrer. Von Rechenlegasthenie hat er natürlich noch nie etwas gehört, um so schneller und gründlicher findet er heraus, daß D. kein Selbstvertrauen besitzt, sich vor Angst immer schlimmer verrechnet. Die Szenen, D. an der Klassentafel, völlige Denkblockierung wegen der von ihm erwarteten Leistung, bringen der Klasse den nötigen Spaß im Mathematikunterricht. Erneuter Beweis für Lehrer und Klasse: D. ist dumm. Noch heute überfällt D. bei Mathearbeiten die alte Angst, die sich dort in ihm festgesetzt hat.

Am schlechtesten geht es in Englisch. Mutter und Sohn quälen sich redlich jeden Tag. Für jede Klassenarbeit schuften sie, denn D. will dem Lehrer – zugleich sein Klassenlehrer – beweisen, daß er besser wird. Er wird es nur leider nicht, und der junge, sozial eingestellte Pädagoge stellt D. mit all seinen Bemühungen um eine gute Klassenarbeit auf dieselbe Stufe mit denen, die aus Faulheit eine »5« schrieben, und mit denen, die mangels genügender Intelligenz keine bessere Arbeit schreiben konnten. Eine Erkenntnis, die D.s Arbeitseifer zwar nicht lähmt, denn er ist zum Glück als Kämpfer mit eisernem Willen geboren worden, er gibt nicht auf, aber sein Körper kann nicht mehr. Er bekommt eine schwere Kreislaufstörung, die lange Zeit eine ärztliche Behandlung notwendig macht.

Die Klasse ist irritiert. D. ist in manchen Fächern ihnen allen voraus. Religion, Sozialkunde, Biologie, Musik und Deutsch mündlich. Das spielt er aus. In anderen Fächern mit viel Schreibarbeit ist er bei den Schlechtesten. Das ärgert ihn. Die Klasse merkt's. Sie haben wieder einen, den sie quälen können. D. wird zum Außenseiter. Morgens geht er mit gesenktem Kopf zur Schule, in den Pausen steht er allein; will er sich einer Gruppe anschließen, übersieht man ihn, mit gesenktem Kopf verläßt er wieder die Schule.

D. bekommt im 2. Schuljahr auf diesem Gymnasium eine sogenannte reaktive Depression, eine Reaktion auf die übergroßen, nicht mehr zu bewältigenden Schulprobleme. Seine Leistungen sinken rapide, nicht zuletzt deshalb, weil er seine sonst so gute mündliche Mitarbeit aufgibt. Trotz ärztlicher Mitteilung, daß D. als krank anzusehen sei, keine Reaktion bei den Lehrern. Zwar helfen Medikamente ihm schnell aus dem größten Tief heraus, aber die Leistungen bessern sich vorläufig nicht, die Versetzung ist gefährdet. Meine Angst, D.s Verzweiflung könnte übermächtig werden, wächst. Der Kinderpsychiater beruhigt, Gefahr bestehe bei diesem Kind nicht. Vieles spricht dafür, aber wenn D. sagt: »Mami, jetzt muß ich mal lange allein spazieren gehen«, dann steht die Mutter die ganze Zeit am Fenster, unfähig, etwas zu tun, wartet, daß er zurückkommt. Die Abende am Bett des Sohnes werden häufiger, länger, verzweifelter, mutloser. Um an ihrer Angst und Sorge nicht zu ersticken, um die Kinder nicht zu bedrücken, fängt die Mutter an, in der Öffentlichkeit für die Legastheniker zu arbeiten, richtet Förderkurse ein, hält Elternseminare, Vorträge, rät und hilft anderen verzweifelten Eltern. Das hilft auch ihr. Sie sieht überall das gleiche Schicksal: ratlose Väter, weinende Mütter, Kinder am Ende ihrer Kräfte.

Inzwischen besucht D.s älterer Bruder W. seit der 7. Klasse ein Aufbau-Gymnasium hier am Ort, geleitet von christlich orientierten Lehrern. W. blüht auf, verbessert sich laufend in Leistung und Legasthenie. An dieser Schule wird aus der Legasthenie kein Problem gemacht. Man nimmt die notwendige Rücksicht, beurteilt und sieht auch die übrigen Fähigkeiten eines Kindes, macht ihm Mut. Diese Schule soll auch D. besuchen. Da er schließlich doch versetzt wird, kommt es auch dazu.

Zwar schüttelt der Direktor dieser Schule angesichts von D.s Schicksal bedenklich den Kopf, aber nach drei Wochen können die Tabletten in den Mülleimer. Sie werden nie wieder gebraucht. D. ist gesund! Nach einem Jahr auf dieser Schule sagt D.: »Das war mein erstes schönes Schuljahr«, und der Direktor dieser Schule ruft die Eltern an. Er hat D. mehrfach im Unterricht beobachten können. Sein Pädagogenherz, so sagt er ihnen, freue sich, wenn er dieses Kind beobachten könne. Das freut auch die Eltern. D., nun fünf Jahre auf dieser Schule, gehört inzwischen – wie auch sein älterer Bruder – zu den Besten seiner Klasse, in einigen Fächern ist er sogar der Beste. In Deutsch eine Eins, obwohl er durchaus nicht fehlerfrei schreiben kann. Aber er kann ja alles lesen, was ihm unter die Augen kommt, er kann denken, lernen und behalten. Aller Einsatz, alle Kämpfe haben einen Sinn bekommen. D. hat Freunde, wird anerkannt, keiner schließt ihn aus.

Morgens, wenn er geweckt wird, strahlt er die Mutter an. Wie viele lange, lange Jahre tat er das nicht? Sie zählt lieber nicht nach, das bringt nichts. Pfeifend verläßt er morgens das Haus. Mittags läutet die Haustürglocke Sturm. Beide Brüder (der Große inzwischen Klassensprecher) stürmen herein, pfeffern die Schultaschen in den Flur, sprudeln über von dem, was sie erlebten, fröhliche, aufregende, unerhörte, tolle Dinge. Sie sind Kinder, in deren Leben die Schule einen normalen Platz gefunden hat. Der gute hessische Erlaß und diese menschliche Schule schützen sie, geben ihnen Selbstvertrauen und die Möglichkeit, eine Schulbildung zu bekommen, die ihrer Begabung angemessen ist.

D. weiß, was er kann und was er noch nicht kann, nämlich ganz fehlerfrei schreiben, aber es bedrückt ihn nicht mehr, es behindert ihn nicht mehr. Er kann sich entwickeln, als wenn er keine Legasthenie hätte. D.s Leben ist glücklich geworden.

Leider ist das eine Ausnahme bei einer so schweren Legasthenie, wie D. sie hat. Aber gäbe es mehr Schulbeamte, Politiker und Lehrer, die humaner denken und handeln würden, die die Würde und das Wohl eines Kindes so hoch achteten wie die ihrer eigenen Person, gäbe es keine unglücklichen Legastheniker mehr, hätte es die Leiden des jungen D., meines Sohnes, nicht zu geben brauchen.

I. Unsere Kinder sind Legastheniker

Als wir vor knapp zwölf Jahren erfuhren, daß unsere beiden Söhne eine Legasthenie haben, waren wir zunächst erleichtert. Sie werden dieses Gefühl kennen: Man atmet auf, daß die Ursache der vermeintlichen Dummheit gefunden ist und Zurückstufungen im Klassen- und Schulsystem – bis hin zur Sonderschule – vermieden werden können. Aber es wird Ihnen ähnlich gehen wie mir damals. Der Schock ist groß! Man fragt sich verzweifelt und ratlos, wie kann es weitergehen, was können wir tun, wie kann unserem Kind geholfen werden.

So fühlte auch ich mich mit diesen für mich neuen Problemen sehr alleingelassen. Zunächst war ich auch vollkommen hilflos, denn Förderkurse, ausgebildete Legasthenie-Therapeuten oder den Bundesverband Legasthenie gab es damals noch nicht. Da ich das Leid meiner verzweifelten Söhne aber auch nicht länger tatenlos ertragen konnte, entschloß ich mich, alles zu versuchen, um ihnen zu helfen. Ich war nicht berufstätig und hatte deshalb Zeit, die Legasthenie-Behandlung selbst zu übernehmen. Von meiner Berufsausbildung her war ich allerdings auf diese Aufgabe keineswegs vorbereitet, aber es blieb mir letztlich gar nichts anderes übrig, wenn ich verhindern wollte, daß meine Kinder an den Problemen der Legasthenie scheiterten.

Der Gedanke allerdings, daß meine Bemühungen, unseren Kindern zu helfen, mißlingen könnten, kostete viele schlaflose Nächte. Die Verantwortung, die ich mit dieser Aufgabe übernommen hatte, erschien mir zeitweilig kaum tragbar, wenn ich an die Schwere dieser Legasthenien und die geringe Chance einer Besserung dachte. Nirgendwo hatte ich bisher gehört oder gelesen, daß solche Kinder einen ihrer Begabung angemessenen schulischen Weg gehen könnten.

So ist dieses Buch die Summe meiner guten und schlechten Erfahrungen, die Summe der schweren und auch der schönen Erlebnisse, es ist der Bericht über zwölf Jahre an der Seite meiner legasthenen Kinder, über die Jahre, die unser Familienleben nachhaltig beeinflußt haben. Es waren schwere, leidvolle

Jahre, die wir alle gewiß nicht noch einmal erleben möchten. Wir haben aber dabei erfahren, daß wir als Familie in der Lage waren, die Probleme zu bewältigen.

Ich möchte an dieser Stelle alle Mütter und Väter von legasthenen Kindern bitten, nie den Mut zu verlieren. Bleiben Sie zuversichtlich! So helfen Sie Ihrem Kinde am wirkungsvollsten.

Immer wieder wird mir gesagt, es sei wohl nur in den seltensten Fällen möglich, daß eine Mutter sich so viele Jahre hindurch nur auf ihre Kinder konzentrieren könne. Ich glaube, alle Mütter von in irgendeiner Weise schwerbehinderten Kindern werden mir zustimmen, wenn ich sage, daß ich darüber überhaupt nicht nachgedacht habe, denn für mich gab es keine Alternative. Meine Kinder standen noch am Anfang ihres Lebens, aber ihre Zukunft war stark gefährdet. Ich war überzeugt, daß niemand meine Kinder besser kannte als ich, daß niemand sich so einsetzen würde für sie, wie es mir möglich war.

Nun, nach so vielen Jahren, weiß ich, daß keine Arbeit, keine Aufgabe sinnvoller und wichtiger hätte sein können als diese: meinen Kindern zu helfen, auch mit ihrer Legasthenie glückliche Menschen zu werden.

So kummervoll und bedrückend diese Jahre auch oft gewesen sind, so erlebe ich doch jetzt um so intensiver und dankbarer, daß die Söhne ihren Weg nun auch ohne mich und meine Hilfe gehen können, denn sie haben gelernt, mit ihrer Behinderung zu leben.

II. »Legasthenie« – was ist das?

1. Unterscheidungsmerkmale der verschiedenen Lese-Rechtschreibschwächen (nach Dummer)

Bei den »Lese-Rechtschreibschwächen«, die im Schulalltag auftreten, kann man nach *Dr. Lisa Dummer* vier verschiedene Formen unterscheiden:

a) Minderbegabung (allgemeine Lernbehinderung), angeboren oder erworben
b) milieubenachteiligte Kinder
c) Kinder mit primären Verhaltensstörungen
d) angeborene oder durch die Geburt erworbene Lese-Rechtschreibschwäche (= *Legasthenie*) bei normaler oder sogar überdurchschnittlicher Intelligenz

Zu a:
Das *lernbehinderte* Kind kann Lesen und Schreiben nur mühsam erlernen und wird am besten in einer Schule für Lernbehinderte gefördert werden können.

Zu b:
Das *milieubenachteiligte* Kind kann normal begabt sein, aber die schlechten Bedingungen, unter denen es Lesen und Schreiben lernt, können eine Lese-Rechtschreibschwäche zur Folge haben. Diese läßt sich aber mit einem gezielten pädagogischen Training relativ schnell beheben.

Zu c:
Wenn primär *verhaltensgestörte* Kinder nicht lesen und schreiben können, hilft ihnen ein Lese-Rechtschreibtraining überhaupt nichts. Man muß die Ursache der Verhaltensstörung finden und behandeln.

Zu d:
Zu der vierten Gruppe, den *Legasthenikern*, gibt das Wörterbuch der Medizin (Pschyrembel) folgende Erklärung ab:

2. Erklärung im Wörterbuch der Medizin

»Angeborene Schwäche im Erlernen des Lesens und des Rechtschreibens bei hinreichender Intelligenz und sonst regelrechtem neurologischen Befund.«
Wenn man glaubt, daß sich mit dieser Erklärung alle zufrieden geben würden, irrt man sich leider sehr. Obwohl es schon *1885 dem deutschen Schularzt Oswald Berkhan* auffiel, daß es normal begabte Kinder gab, die aber unerklärlicherweise trotzdem weder Lesen noch Schreiben lernten, dauert der Streit um den Begriff Legasthenie immer noch an. Das Kind, um das es geht, wird bei allem fast immer mehr oder weniger übersehen, denn die Standpunkte und Prinzipien, um die gestritten wird, berücksichtigen nur selten die Tatsache, daß man in erster Linie doch dem betroffenen Kind helfen müßte.
Alle bisher von Pädagogen, Psychologen und Medizinern aufgestellten Behauptungen über die Ursache der Legasthenie sind noch »Denkmodelle«. Ich kann mir aber vorstellen, daß sich eines Tages die Erklärung der Mediziner als richtig erweisen wird. Frau Dr. Lisa *Dummer* hat sie *(1982)* nach einem Erklärungsmodell von *Nissen* zusammengestellt. Ich gebe sie auszugsweise und vereinfacht weiter.

3. Legasthenie – Ursachen aus der Sicht der Mediziner

Man unterscheidet zwischen:
a) *erblichen Ursachen* (primären Ursachen)
   Dazu können auch Reifungsverzögerungen in einigen Teilbereichen des Gehirns gehören.
b) *Schädigungsursachen* (sekundäre Ursachen)
   Sekundäre Ursachen einer Legasthenie können auch Schäden sein, die vor, während oder nach der Geburt auftreten. Bei komplizierten Schwangerschaften und Geburten kann durch Sauerstoffmangel im Gehirn eine leichte Störung hervorgerufen werden. Man spricht von »Teilleistungsschwächen«, weil nur einige Teilbereiche des Gehirns betroffen sind.

Nach *Dummer* gehören alle Kinder, ob sie die Legasthenie nun ererbt oder bei der Geburt erworben haben, zunächst *nicht* zu den »Behinderten«, aber sie sind von »Behinderungen« bedroht.

4. Mögliche Folgen einer Legasthenie

Weil die Vorgänge im Gehirn beim Lernen und besonders beim Lesenlernen sehr kompliziert sind, können diese geringfügigen Störungen schwerwiegende Folgen haben. Diese Folgen müssen nicht unbedingt eintreten. Wie gut und wie schnell sich das Gehirn von seiner Beeinträchtigung erholen kann, hängt von dem Grad der Schädigung ab und auch von den Bedingungen, unter denen ein solches Kind aufwächst. Wenn die Legasthenie rechtzeitig erkannt wird, wenn Schule und Elternhaus dem betroffenen Kind verständnisvoll begegnen und ihm helfen, dann kann der Legastheniker seine Lese-Rechtschreibschwäche weitgehend überwinden, und Verhaltensstörungen als Folge des andauernden Versagens können vermieden werden.

Je später die Legasthenie entdeckt wird, je verständnisloser die Umwelt auf das vermeintliche »Versagen« des Kindes reagiert, um so schwerer wird man den »Teufelskreis der Legasthenie« durchbrechen können. Die ständigen Mißerfolge entmutigen den Legastheniker schließlich so weit, daß seine Leistungen in allen Fächern betroffen werden. Auf sämtlichen Gebieten braucht er gute Lesefähigkeiten, die er aber nicht hat. Bei einer Klassenarbeit in Erdkunde, Biologie, Physik z. B. kann er seine richtige Antwort nicht aufschreiben, weil er nicht weiß, wie man dieses oder jenes Wort richtig schreibt. So gerät er immer mehr ins Hintertreffen und gibt schließlich entmutigt den aussichtslosen Kampf auf.

Der Diplom-Psychologe Volker *Ebel* drückt das so aus: »Schließlich wird auch jeder einsehen, daß dauernde Mißerfolgserlebnisse, denen man sich nicht entziehen kann, der Persönlichkeitsentwicklung bei Kindern und Jugendlichen schwer schaden können.«

Und Professor Othmar *Kowarik* schreibt: »Nicht selten sind die Folgen stärker als die Ursachen.« (Wie diese Folgen aussehen können, lesen Sie im Kapitel VII, 2 f).

Merke: Ein in seinen Funktionen nur leicht gestörtes Gehirn hat genügend Möglichkeiten, sich von diesen Beeinträchtigungen zu erholen. Es muß nur rechtzeitig mit dem Training begonnen werden. In den Kapiteln VI, VII, VIII lesen Sie mehr darüber.

Leichte und rechtzeitig behandelte Legasthenien können folgenlos verschwinden. Alle *schwereren Formen der Legasthenie* werden wohl lebenslang zu gewissen Schwierigkeiten führen.

Bei Ermüdung und unter Zeitnot werden sich immer wieder Rechtschreibfehler einstellen. Die meisten erwachsenen Legastheniker lesen nicht gerne, weil sie damit immer noch ihre Schwierigkeiten haben. Besonders Fachbücher, bei denen es auf *genaues Lesen* ankommt, bereiten ihnen Probleme. In der Berufsausbildung oder beim Studium macht ihnen zusätzlich das *Mitschreiben* von Vorträgen, Vorlesungen etc. Schwierigkeiten. Es geht nicht schnell genug, denn unbewußt müssen sie immer noch überlegen, wie herum man die Buchstaben schreibt. Der vielen Fehler wegen wissen sie oft nicht mehr, was das Geschriebene bedeutet. Das bringt in der Tat manchen Legastheniker zur Verzweiflung. Und doch entwickeln gerade diese Menschen erstaunliche Fähigkeiten, um ihre Schwierigkeiten auszugleichen.

5. Diskussion anderer möglicher Ursachen für die Legasthenie

Zum Abschluß möchte ich auf andere Erklärungsversuche für Legasthenie eingehen. Ob die *Linkshändigkeit* oder das *Schielen* eine Rolle spielen, ist noch nicht bewiesen. Auch über *Sprachstörungen*, die Legastheniker im Kleinkindalter haben sollen, herrscht noch keine Klarheit. Auf diesem Gebiet wird intensiv geforscht, und vielleicht haben wir bald eine Antwort.

Daß die *Ganzwortmethode* schuld am Ausbruch der »echten« Legasthenie sein soll, ist ebenfalls nicht bewiesen. Man weiß nur, daß sie eine Früherkennung verhindern kann.

In den Jahren seit 1970 sind viele Bücher geschrieben und Theorien aufgestellt worden, die Eltern in tiefe Schuldgefühle und Verwirrung gestürzt haben. Es wird immer wieder von einigen Autoren behauptet, die Eltern oder das »gestörte Eltern-Kind-Verhältnis« seien schuld an der Legasthenie. Lassen Sie sich von Aussprüchen dieser Art nicht irritieren! Lesen Sie noch einmal das durch, was ich über die medizinischen Ursachen der Legasthenie geschrieben habe, und gehen Sie unbeirrt Ihren Weg. Von Schuldgefühlen geplagte Eltern sind nicht sonderlich hilfreich für ihre Kinder!

III. Was Eltern über Legasthenie unbedingt wissen müssen

In jeder Diskussion, ob mit der Schule, den Schulbehörden oder mit Freunden, ist es wichtig, genau Bescheid zu wissen. Nicht zuletzt fördert eine gute Kenntnis der Dinge das Verständnis für die Schwierigkeiten Ihrer eigenen Kinder.

1. Wie sieht eine Legasthenie aus?
Erklärung der verschiedenen Erscheinungsformen

Leider gibt es *die* Legasthenie nicht, die bei allen Kindern gleich aussieht! Bei jedem Kind fällt die Legasthenie ein wenig anders aus, und je nach Schweregrad, Veranlagung und Erkennungszeitpunkt verläuft sie auch anders. Man sagt: »*Jedes Kind hat seine eigene Legasthenie.*«

Ohne pädagogische, psychologische oder sprachwissenschaftliche Vorkenntnisse mußte ich mir über die vielen komplizierten Erscheinungsformen schon frühzeitig ein Urteil bilden, um die Schwierigkeiten meiner Kinder überhaupt verstehen zu können. Ich stellte mir aus der Fachliteratur ein vereinfachtes Schema auf, mit dessen Hilfe ich mir später auch die Fremdsprachenlegasthenie erklären konnte (s. Kapitel IX). Dieses Schema sieht so aus:

a) Die akustische Erfassungsschwäche, auch Lautnuancentaubheit genannt.

b) Die visuelle (optische) Wahrnehmungs- und Speicherschwäche, auch Gestaltmerkschwäche genannt.

c) Die Leseschwäche und das mangelnde Leseverständnis.

d) Die Raum-Lage-Labilität mit der Störungsform der »willkürlichen Reihungen«.

Ich will versuchen, die verschiedenen Erscheinungsbilder zu erklären:

Zu a:

Die akustische Erfassungsschwäche läßt sich am deutlichsten mit dem Wort »*Lautnuancentaubheit*« erklären: *Die Kinder hören die klanglichen Feinheiten eines Lautes nicht.* Das bedeu-

24

tet, daß die Laute u, i, ü, a, ä, e, ö für den Legastheniker vollkommen *gleich klingen*. So hören sie statt »Lüge« »Liege«. Ganz genauso geht es mit den *Schärfungen*, also mit dem »ck« und dem »Doppel-s«. Einer unserer Söhne verwechselte in der Physikarbeit »Maße« mit »Masse«. An diesem Beispiel sieht man deutlich, wie verhängnisvoll sich ein legastheniebedingter Fehler in einer Klassenarbeit auswirken kann, die mit dem Fach »Deutsch« nichts zu tun hat.

Außerdem hören Legastheniker den Unterschied zwischen *kurzen* und *langen Lauten* nicht. Bei den Wörtern (der) »Kamm«, (er) »kam«, (er) »kann«, (der) »Kahn« hören sie keinerlei Unterschiede in der Betonung. Und die *Endungen* hören sie auch meist nicht, sie fallen fort. Aus »Keller« wird »Kelle«, aus »Sternen« wird »Stern«.

Möglicherweise sind diese akustischen Schwierigkeiten die Ursache dafür, daß manche Kinder bis ins Schulalter hinein »*nuschelig*« *sprechen*.

Zu b:

Wie die *Form eines Buchstabens* oder die einer *Zahl* oder eines *Rechenzeichens* aussieht, können sie sich nicht einprägen. Die *ähnlich aussehenden Buchstaben* wie »d–b; l–t; m–n; k–h; I–J; K–H« etc. werden immer wieder verwechselt. Das hat im Fall von »m« und »n« jahrelang erhebliche Folgen in der *Grammatik*. Wenn ein Kind statt des Satzes: »Der Napf gehört *dem* Hund«, schreibt: »Der Napf gehört *den* Hund«, dann hat es den vierten Fall benutzt und nicht den dritten. Jeder Lehrer wertet das als Grammatikfehler, obwohl es ein Legastheniefehler ist, der immer bestehen bleiben kann.

Auch die *seltenen Buchstaben* wie »x, y, z, q, qu« in Groß- und Kleinbuchstaben bereiten dem Legastheniker oft ein ganzes Leben lang Schwierigkeiten ebenso wie die Unterscheidung zwischen *groß- und kleingeschriebenen Wörtern*.

Die Unsicherheit über das Aussehen der Buchstaben ist zudem einer der Hauptfaktoren der schwer lesbaren »*Legasthenikerschrift*«. Beim Schreiben entstehen immer wieder stärkere Zweifel, ob der Buchstabe nicht doch vielleicht anders aussehen müßte, also wird er verändert. Und weil es rein zeitlich nicht möglich ist, immer an dem Buchstaben zu verbessern, schreiben die Legastheniker bald so undeutlich ineinander »verkeilt«, daß sich jeder heraussuchen kann, was es nun heißen soll. Insgeheim hegen sie die Hoffnung, daß sie damit ihre fehlerhafte Schreibweise vertuschen könnten. Ich habe aber bei meinen Kindern beobachtet, daß sie mit zunehmendem Selbstbewußtsein auch eine klare, ordentliche Schrift bekamen. Über Jahre hat uns jedoch die Standardnote »5« für Schrift gequält.

Ein Legastheniker wird jahrelang eine schlechte Handschrift haben. Deshalb wäre es sinnvoll und hilfreich zugleich, wenn keine Note dafür erteilt würde.

Die *ähnlichen Zahlen* wie 7 und 1, 5 und 3, 8 und 4, 2 und 3, 6 und 9 werden verständlicherweise leicht miteinander verwechselt. Da es aber weniger Zahlen gibt als Buchstaben, lernen sie schneller, die Zahlen auseinanderzuhalten.

Auch die *Rechenzeichen* wie plus, minus, Divisions- und Multiplikationszeichen verwechseln schwere Legastheniker oft noch in der *Oberstufe* des Gymnasiums. Das ergibt dann die äußerst ärgerlichen Fehler in den Mathematikarbeiten, die kaum ein Lehrer als legastheniebedingt erkennt!

Genauso, wie die Legastheniker sich die Form (Struktur) eines Buchstabens nicht einprägen können, fällt es ihnen auch schwer, sich *Wort- oder Satzstrukturen* einzuprägen. Ein Wort in Buchstaben oder Silben zu zerlegen oder ebenso wieder aufzubauen, bereitet stets erhebliche Schwierigkeiten. *Später gibt es dann die Probleme mit den Satzstrukturen, also mit der Bestimmung von Hauptwort, Tätigkeitswort etc., Satzgegenstand und Satzaussage u. a.* Auch die Form z. B. eines *Erdteils,* eines *Landes* oder *Gebirges,* eines *Flußlaufes* bleibt in ihrem Gedächtnis nicht haften.

Diese beiden Erscheinungsformen, die ich unter *a)* und *b)* beschrieben habe, müssen *nicht* immer *zusammen* und auch nicht immer *gleich schwer* auftreten. Oft aber gibt es Fehler, die sowohl zu der »akustischen« wie auch zu der »visuellen« Form gehören können, wie z. B. das Verdrehen von Buchstaben: statt »streben« wird »sterben« geschrieben, oder das Fortlassen von Buchstaben: aus »rennen« wird »rnen«. Das schon beschriebene Problem mit dem Aufgliedern in Silben oder Buchstaben hat auch Wurzeln im akustischen Bereich.

Beide Formen zusammen bedingen dann die bekannte »Verlangsamung und Konzentrationsschwäche« des Legasthenikers. Hören, Erkennen, Erinnern von Buchstaben und Wörtern braucht Zeit und viel Konzentration. Legastheniker können weder beim Diktat noch beim Abschreiben von der Tafel dem Klassentempo folgen, also werden sie bei keiner Klassenarbeit,

ganz gleich in welchem Fach, rechtzeitig fertig. Sie können aus Zeitmangel ihr erlerntes Wissen nicht anbringen.
Sie sind deshalb trotz gleichen Wissensstandes ihren Klassenkameraden gegenüber stets im Nachteil!

Zu c:
Die *mangelnde Lesefähigkeit* und das *erschwerte Leseverständnis* erklären sich ganz leicht aus den zwei oben beschriebenen Formen: Legastheniker können Buchstaben und Silben klanglich nicht unterscheiden und können auch die Buchstaben und Wortbilder nicht erkennen. Während sie nun um jeden Buchstaben, jede Silbe und jedes Wort mühsam ringen müssen, begreifen sie den Textinhalt nicht oder nur ungenau. Diese beiden Vorgänge, *das Erkennen und das Begreifen*, laufen über lange Zeit, manchmal für immer, parallel. So erklärt sich das so mühsame Lesen der Legastheniker. Auch die »leierige« falsche Betonung hat hier ihre Ursache. Sie wissen ja im Moment des Lesens noch nicht die Bedeutung des Wortes. Die Intelligenten unter ihnen verlegen sich aufs Raten. Ihr Vorlesen hört sich oft erstaunlich richtig und flüssig an. Schaut man aber genau hin, merkt man, daß sie nur *sinngemäß* lesen.
Das bringt ihnen große Probleme ein. Jede Anweisung zu einer Klassenarbeit, jede Textaufgabe wird mit *viel Zeitaufwand* und doch nur *ungenau* gelesen. So wurde einmal bei einem unserer Söhne in der Mathematikaufgabe (Klassenarbeit!) aus dem »Bungalow« ein »Balkon« und aus dem »Quader« ein »Quadrat«, und schon wurde die Rechnung verkehrt. Der andere las im Fernsehen aus den »Tips für Verbraucher« – »Tips für Verbrecher«. Und war empört! Weniger lustig ist es auch immer dann, wenn knappe sachliche Texte in Chemie- und Physikbüchern gelesen werden müssen. Wen wundert es da noch, daß sich die »Lese-Unlust« jahrelang erhalten kann.

Zu d:
Die Raum-Lage-Labilität findet sich meist *nur* bei den schweren Legasthenien. Viele wissen über diese Störung überhaupt nichts, und doch ist sie ein Symptom mit erheblichen Folgen. Diese Kinder haben ein *gestörtes Verhältnis zur Raumlage.* Das heißt, sie können viele Jahre lang nicht unterscheiden zwischen »oben« und »unten«, »hinten« und vorne«, »rechts« und »links«. Sie können sich die *Himmelsrichtungen* nicht merken, wissen nicht, welche *Musiknote* in welche Notenlinie gehört,

ebenso können sie die *Uhrzeit* nicht erlernen. Beim Erkennen der Uhr spielen mehrere Faktoren eine Rolle: die Richtung, in der die Zeiger laufen, welcher Zeiger für die Stunden und welcher für die Minuten zuständig ist, das richtige Zahlenlesen und die Reihenfolge der Zahlen. Das alles ist so schwer, daß auch 10jährige Kinder oft die Uhr noch nicht lesen können – eine ständige Quelle von Blamagen und Demütigungen!

Ganz ähnlich verhält es sich mit den *Telefonnummern.* Sie verwählen sich ständig, weil die Reihenfolge nicht eingehalten werden kann und die Zahlen falsch gelesen werden. Während wir eine Telefonnummer, die uns mit 28-39-41 angegeben wird, durchaus richtig wählen können, muß auch der erwachsene Legastheniker auf die Einzelzahl zurückgreifen, also 2-8-3-9-4-1.

Daß Legastheniker Telefonnummern auch schlecht behalten können, hängt mit einem anderen Phänomen der Raum-Lage-Schwäche zusammen. Es ist das Unvermögen der Legastheniker, *willkürliche Reihungen* zu behalten. Dazu gehören neben den Telefonnummern die Wochentage, Monatsnamen (auch welcher Monat 30 bzw. 31 Tage hat), das Abc, das Einmaleins und die unregelmäßigen Verben in den Fremdsprachen. *Das Abc und das Einmaleins bedeuten aufgrund dieser Problematik meist bleibende Schwierigkeiten.*

In das Gebiet der Raum-Lage-Schwäche kann man auch die *Rechenlegasthenie* einordnen, obwohl hier viele Faktoren der Legasthenie eine Rolle spielen: erschwertes Lesen und Behalten von Zahlen, falsches Abschreiben, Auslassen und Übersehen von Zahlen, Verdrehungen (aus 98 wird 89), die Unsicherheit beim Zuordnen der Rechenvorzeichen, die Schwierigkeit mit dem Einmaleins und die großen Probleme mit der Richtung. Sie verwechseln »oben« und »unten« beim Bruchrechnen, drehen also Zähler und Nenner um, bei einer Divisionsaufgabe wechseln sie plötzlich die Richtung und rechnen von rechts nach links. Auch beim Zuzählen, beim Abziehen, beim Malnehmen, bei Reihen- und Blockrechnungen passiert ihnen so ein folgenreicher Richtungswechsel.

Sicher gehört zur Rechenlegasthenie auch das erschwerte Anwenden und Übertragen von Gesetzmäßigkeiten. So wie sie auch zwei gleiche Puzzleteile nicht herausfinden können, gelingt es ihnen im übertragenen Sinn nicht, bei zwei Rechenaufgaben dieselbe Regel herauszufinden und anzuwenden. Sie haben ein sogenanntes »*Transferproblem*«.

Bedingt durch die Raum-Lage-Schwäche fehlt ihnen auch das Vorstellungsvermögen von Zahleneinheiten und Stellenwerten. Das bedeutet, daß Umwandlungen von z. B. Kilometer in Zentimeter oder von Kilogramm in Gramm ihnen jahrelang größte Probleme bereiten.

Eine Rechenlegasthenie zu haben, bedeutet für viele Jahre ein schweres Schicksal, denn nur selten wird die Rechenschwäche mit der Legasthenie in Zusammenhang gebracht. Es wird also keine Rücksicht genommen und nicht erkannt, daß ein spezielles Training notwendig wäre. Es heißt nur immer wieder: »Nimm dich doch zusammen, du verrechnest dich ja bloß!« *Mit der Zeit überfällt dann den Legastheniker, sobald er rechnen muß, die ganz große Angst. Sie führt schnell zur totalen Denkblockade – und dann kann er wirklich nicht mehr rechnen!* Und ganz schnell wird gesagt: »Der kann keine Legasthenie haben, denn rechnen kann er ja auch nicht! Also muß er dumm sein.« In schweren Fällen heißt es dann: »Der sollte besser eine Sonderschule besuchen!« Wir selber erlebten diese Situation gleich zweimal, und viele Eltern werden ähnliches erfahren haben. (In der weiterführenden Schule können auch die *Fremdsprachen* betroffen sein. Darüber mehr im Kapitel IX.)

Das alles kann zur Legasthenie Ihres Kindes gehören. Deshalb sollten Sie auch genau darüber Bescheid wissen. Ihrem Kind wird vieles zur Last gelegt, woran nur die Legasthenie schuld ist. Das müssen Sie rechtzeitig erkennen!

2. Legasthenie-Erlasse

Ihr legasthenes Kind hat stets ungeheure Nachteile gegenüber gleichintelligenten und gleichaltrigen Kindern. Es hat aber dasselbe Recht wie alle anderen auch, eine Schule besuchen zu dürfen, die seinen Begabungen entspricht, und den Beruf zu erlernen, den es sich wünscht.

Deshalb entschlossen sich vor einigen Jahren die Kultusminister der westdeutschen Bundesländer zu einem *Legasthenieerlaß*. Durch ihn soll gewährleistet werden, daß die Legastheniker trotz ihrer schulischen Behinderung annähernd gleiche Chancen zur Bildung erhalten wie andere Kinder auch. Leider sind die Erlasse der einzelnen Bundesländer außerordentlich unterschiedlich und in jedem Fall (mit Ausnahme von Hessen) absolut *nicht ausreichend*, um dem Legastheniker wirklich helfen zu können.

Wie der Erlaß in dem Land, in dem Sie wohnen, aussieht, erfahren Sie von den Kontaktstellen des Landesverbandes oder vom Bundesverband Legasthenie. Die Adresse steht im Kapitel IV.

3. Zu welchem Zeitpunkt kann sich eine Legasthenie bemerkbar machen?

Aufmerksamen Beobachtern kann das Erkennen einer Legasthenie schon in der *ersten Klasse* gelingen, wenn bei den ausreichend geübten Diktaten mehr Fehler auftreten, als üblicherweise zu erwarten wären. Bei den Diktatübungen zu Hause werden im Gegensatz zur Schule fast immer sehr viel weniger Fehler entstehen, weil das Kind hier nicht unter Druck steht.

Daß ein Kind Leselernschwierigkeiten hat, fällt oftmals in der Schule gar nicht auf. Fibeltexte, die es zu Hause ausgiebig geübt hat, kann es in der Schule dann natürlich lesen. Manche Kinder lernen einen Fibeltext sehr schnell auswendig. Die Mutter muß ihn vielleicht nur einmal vorlesen.

Wenn Sie mit Ihrem Kind das Lesen zu Hause üben, dann lassen Sie einzelne Worte lesen, die Sie auf Kärtchen geschrieben oder gedruckt haben. Dabei werden Sie dann auf verschiedene Schwierigkeiten stoßen: Manche Kinder können zwar die Buchstaben benennen, aber zwei Buchstaben nicht zu einer Silbe verbinden. Statt »na« lesen sie »n-a«. Andere Kinder beginnen häufig mit dem zweiten Buchstaben. Wieder andere kommen bei der Unterscheidung ähnlicher Laute hoffnungslos durcheinander. Sie lesen »u« statt »o« und umgekehrt, »i« statt »e«, »ü« statt »ö« u.a.m.

Im *3.–4. Schuljahr* kommen die ersten ungeübten Diktate (meistens jedenfalls). Nun fallen die vielen Fehler fast immer auf. Erfahrene Eltern merken auch, daß ihr Kind mehr Zeit für seine Aufgaben braucht als andere. Zu diesem Zeitpunkt können schon oft Schulunlust, Unruhe, Bauch- und Kopfschmerzen oder Einschlafstörungen beobachtet werden. Mit den ersten Textaufgaben können sich auch Rechenschwierigkeiten einstellen, die bei sehr schweren Legasthenikern aber oft schon früher auftreten. Häufig jedoch fällt eine Legasthenie in den Grundschuljahren gar nicht auf. Professor *Kowarik* schreibt dazu: »Dies besonders dann, wenn durch intensives Üben und aufgrund einer hohen Intelligenz des Schülers verhältnismäßig gute Leistungen erzielt werden.«

Durch die hinzukommende Fremdsprache in der weiterführenden Schule verschlechtert sich in vielen Fällen plötzlich die Rechtschreibung auffallend. Auch mit der Fremdsprache wird es dann nicht so recht klappen. (Näheres dazu im Kapitel IX.) Durch diese Überbelastung geht es meist rapide auch in allen anderen Fächern abwärts. Manch begabter und fleißiger Legastheniker hält sich noch bis zur 8. oder 9. Klasse, ohne daß der Verdacht einer Legasthenie geäußert wird.

Aber: Jede nicht rechtzeitig erkannte Legasthenie geht zu Lasten des Kindes.

4. Dokumente zum Verlauf einer schweren Legasthenie

Nachfolgend möchte ich anhand von Abbildungen dokumentieren, wie die extrem schwere Legasthenie eines unserer Söhne verlief. Sie ersehen daraus, daß auch in außerordentlich problematischen Fällen eine erhebliche Besserung möglich ist. Natürlich erreicht man das nicht mühelos. Der jahrelange Einsatz aller verfügbaren Kräfte von Kind und Eltern und das Verständnis und die Rücksichtnahme der Lehrer sind absolut notwendig. Aber ein solcher Kampf kann gewonnen werden, ohne daß die Legastheniker und ihre Eltern daran zerbrechen! Mit diesem Buch will ich Ihnen Mut machen und Hilfen geben.

Die Diktate des 2. und 3. Schuljahres erhielt ich mit dem Originaltext vom Lehrer immer schon ein paar Tage vorher. Wir übten jedesmal intensiv und unter starkem Druck, denn die Diktate wurden damals alle zensiert, da es den Legasthenie-Erlaß noch nicht gab. Immerhin konnte ich erreichen, daß der Lehrer die Note (die natürlich stets eine »6« war) nicht unter das Diktat schrieb. Später konnte ich ihn auch überzeugen, daß es besser sei, die richtig geschriebenen Wörter zu unterstreichen und nicht die Fehler. Damit vermied ich, daß sich die falsch geschriebenen Wörter noch stärker einprägten. Außerdem ergab sich bei diesem Vorgehen auch kein so deprimierendes rotes Schlachtfeld. Wie ich die Anzahl der richtig geschriebenen Wörter im Diktat zu einem Erfolgserlebnis werden ließ, habe ich im Kap. VIII, Abs. 3 beschrieben.

Mitte des 2. Schuljahres schrieb unser Sohn folgendes Diktat, von dem ich aber leider nur noch eine Abschrift und eine damals rechtzeitig angefertigte »Übersetzung« besitze:

Das Jra 137
Am erst Jnnoa anhfaer. Es Heist 103. Jeten Sontak daf ich
fandem nüen wochker lenter ich kanh schon die monate. Sichs:
Jarnos, febroa, Mers
(Das Jahr 1973. Am 1. Januar hat ein neues Jahr angefangen. Es heißt 1973. Jeden Sonntag darf ich ein Blatt von dem neuen Wochenkalender abreißen. Ich kenne auch schon die Monate. Sie heißen: Januar, Februar, März)

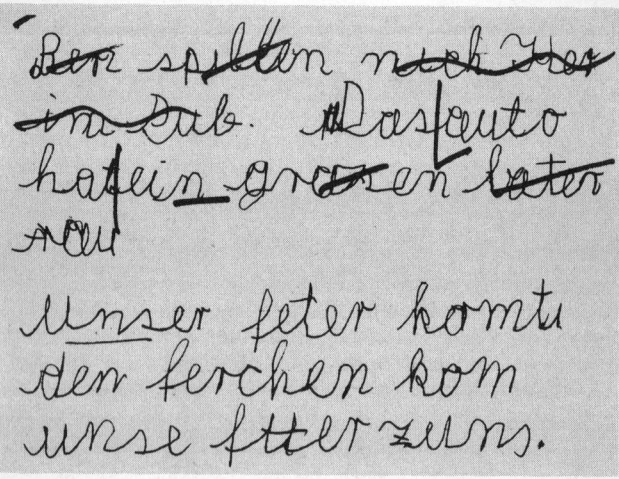

Auch im 3. Schuljahr war es trotz fleißigen Übens des Diktates noch nicht viel besser. Die »Übersetzung« des Textes lautet: Buben spielen nicht gern mit Puppen. Das Auto hat einen großen Gepäckraum. Unser Vetter kommt in den Ferien zu uns.
(Den auf dem Buchumschlag abgedruckten Text schrieb er ebenfalls im 3. Schuljahr.)

> 5. doch würde ich das Versprechen,
> „daß ich meinen Vater gab
> gerne halten". „Weißt du was?
> Du Du hilfst mir schnell
> das Auto zu waschen.
> Dann bitten wir meinen
> Vater, daß er uns zum Training
> fährt". „Das finde ich gut.
> Also das ist abgemacht."
>
> *Dietrich, das hast gut gemacht.*
> *Es war ein schweres Diktat.*
> *Du hast nur 8 Fehler. Deine Schrift*
> *ist deutlicher.*

Dies ist ein Ausschnitt aus einem 1½ Seiten langen Diktat. Unser Sohn schrieb es Ende des 4. Schuljahres, nachdem ich mit ihm ein halbes Jahr zu Hause (ohne Schulbesuch) ein intensives Legasthenietraining durchgeführt hatte (s. Kap. IV). Die Lehrerin, die ihm dieses großzügige Lob spendete, wird er nie vergessen.

Diese Biologie-Arbeit in der 5. Klasse des Gymnasiums zeigt deutlich die Verschlechterung durch die Fremdsprache. Sogar bei seinem Namen unterläuft ihm ein Fehler.

Den Schlußabsatz dieses 4 Seiten (Din A 4) langen Aufsatzes im 10. Schuljahr läßt erkennen, daß die Verschlechterung nur vorübergehend war. Es wird aber auch deutlich, daß im Falle einer so schweren Legasthenie in Stress-Situationen eine fehlerfreie Arbeit nicht geleistet werden kann.

IV. Wie wird Legasthenie festgestellt?

1. Die Testung

Wenn der Verdacht auf eine Legasthenie besteht, muß sie durch einen guten Test einwandfrei festgestellt werden. Am geeignetsten sind dafür die Diplom-Psychologen.

Ein guter Psychologe wird stets einen *Intelligenztest*, einen *Lesetest* und einen *Rechtschreibtest* durchführen. Alle Tests sind notwendig, um andere mögliche Ursachen der Schulschwierigkeiten auszuschließen (siehe Kapitel II).

Der *Schulpsychologe* macht die Testung unentgeltlich. Dafür müssen Eltern aber oft lange Wartezeiten in Kauf nehmen. Ein *frei praktizierender Psychologe* muß bezahlt werden. An manchen Schulen sind auch *Lehrer für die Testung* ausgebildet. Sie können allerdings nicht alle Tests ausführen. Manche stehen nur dem Psychologen zur Verfügung, wie z. B. der ausführliche »Hamburg-Wechsler-Intelligenztest für Kinder« (HAWIK), mit dem die verschiedenen Teilbereiche der Intelligenz und nicht nur die erworbenen Kenntnisse gemessen werden können. Das ist sehr wichtig für eine genaue Diagnose. Und ganz besonders wichtig auch bei den Kindern, die sich in ihrem Verhalten schon auffällig ·verändert haben.

Oft aber sind Lehrer für die Testung nur unzureichend ausgebildet. So wird die Diagnose durch Pädagogen selten ganz exakt sein können. Ganz leichte Legasthenien fallen nicht auf oder sehr schwere werden oftmals falsch gedeutet. Es wird Begabungsmangel angenommen, weil der schulische Intelligenztest Leistungen mißt, die gerade Legastheniker nicht erbringen können. So entsteht ein falsches Bild. Außerdem fallen schulische Testergebnisse manchmal auch zu schlecht aus, weil der Legastheniker in der Schule bereits aufgegeben hat zu arbeiten. Es ist auch nicht gut, wenn ein solches Kind den Test in der Schule und vielleicht sogar beim Klassenlehrer schreiben muß, denn dann erinnert ihn alles an sein schulisches Versagen. So kann ein schlechteres Testergebnis entstehen, als wenn in einer ruhigen, entspannten Situation getestet worden wäre.

Aufgrund meiner langjährigen Erfahrungen möchte ich Ihnen

deshalb raten, sich nach Möglichkeit an einen legasthenie-erfahrenen Psychologen zu wenden, denn zu viel hängt für den Legastheniker davon ab, wie genau die Diagnose ermittelt wird.

2. An wen sich Eltern wenden können, wenn sie Rat brauchen

Die Legasthenie ist getestet. Die Diagnose ist gesichert. Alle sind erleichtert, daß man nun weiß, was mit dem Kind los ist. Aber in den meisten Fällen werden die Beteiligten mit der Diagnose alleingelassen und erhalten gar keine oder nur wenige Ratschläge. *Leider kann niemand Empfehlungen geben, die für alle Kinder allgemein anwendbar wären.*
Die Legasthenien haben unterschiedliche Schweregrade, das Alter der Kinder zum Zeitpunkt der Entdeckung differiert stark, und jedes Kind reagiert anders auf seine Legasthenie.
Wenn Sie also hilflos und unschlüssig sind, was Sie tun sollten oder könnten, dann wenden Sie sich erst einmal mit der Fotokopie des Testergebnisses an die *Beratungsstellen des Bundesverbandes Legasthenie.* Fast jedes Bundesland hat einen Landesverband Legasthenie und häufig auch Kreis- und Orts-verbände. Es ist aber nicht immer leicht zu erfahren, wo die nächste Kontaktstelle ist. Häufig wechseln auch die Anschrif-ten, so daß es wenig sinnvoll wäre, sie hier alle in dieses Buch aufzunehmen. Ich gebe Ihnen deshalb nur zwei Adressen. Dort können Sie dann erfahren, wo für Sie die nächste Anlaufstelle ist. Die Beratungsstellen sind ehrenamtlich besetzt und beraten Sie umsonst. Sie sollten allerdings Mitglied im Bundesverband werden. Das ist nicht teuer, und sie erhalten dann laufend Informationshefte, aus denen Sie alle wichtigen Dinge entneh-men können, die die Legasthenie betreffen.

1. Bundesverband Legasthenie
   Geschäftsstelle
   Gneisenaustr. 2
   3000 Hannover   Telefon: 0511/85 34 65

2. Frau Rita Rauls
   3457 Deensen 1   Telefon: 05532/23 83

Frau Rauls ist Mutter von 2 legasthenen Kindern und verfügt über jahrelange intensive Erfahrungen.

3. Wie kann es nach der Testung weitergehen?

Bevor die Eltern sich für eine bestimmte Therapieform entscheiden, wird oft überlegt: Sollen wir das Kind zurücknehmen,
wäre eine Klassenwiederholung nicht besser?
Haben Sie in der Schule einen erfahrenen Legasthenielehrer,
der Ihr Kind kennt, können Sie diese Angelegenheit gut mit
ihm besprechen. Weniger legasthenieerfahrene Lehrer und
Eltern erhoffen sich häufig von einer Klassenwiederholung sehr
viel. *In den meisten Fällen bringt diese Klassenwiederholung
aber nichts.* Die Belastungen sind dieselben, denn die Legasthenie hat sich ja so schnell noch nicht gebessert. Ihr Kind
empfindet sich möglicherweise als Versager, zumal dann, wenn
es nur in Deutsch und eventuell in der Fremdsprache schlecht
ist. Viele geben dann ihre Mitarbeit, auch in anderen Fächern,
ganz auf. Keiner kann das übelnehmen, haben die Kinder doch
erfahren müssen, daß alle Mühe zwecklos war und nur mit
»Sitzenbleiben« bestraft wurde. Eine Klassenwiederholung ist
nur dann sinnvoll, wenn das Kind noch sehr unreif und verspielt
erscheint und im Wiederholungsjahr eine gezielte Förderung
einsetzen kann oder wenn der Legastheniker in allen Fächern
schlecht geworden ist. Man sollte die Möglichkeit einer Klassenwiederholung immer mit dem Kind besprechen. Zwar wird
das jüngere Kind keine Entscheidung treffen können, aber es
fühlt sich wenigstens nicht übergangen. Das ältere Kind in der
weiterführenden Schule wird häufig schon mitbeurteilen können, was wohl besser wäre.
Wir persönlich haben mit einem ganz anderen Weg sehr gute
Erfahrungen gemacht.
Schon nach vier Monaten im 1. Schuljahr war unser jüngster
Sohn so verzweifelt, so mutlos geworden, daß er seinen Kopf
tief auf die Bank senkte und am Unterricht nicht mehr teil-
nahm. Der Kinder- und Jugendpsychiater Professor Dr. med.
Specht in Göttingen riet uns damals, unseren Sohn sofort aus
der Schule zu nehmen und zu Hause weiter zu unterrichten.
Für diesen Rat sind wir ihm noch heute dankbar. Das Kultusministerium erteilte aufgrund des kinderpsychiatrischen Gut-
achtens schnell die Genehmigung. Da ich mir zunächst die
Betreuung dieses so extrem schweren Falles nicht allein
zutraute, kam jeden Tag eine junge angehende Sonderschulpädagogin. Neben dem täglichen Legasthenieförderprogramm
versuchten wir, dem Jungen noch das Nötigste aus dem schu-

lischen Unterricht zu vermitteln. Nach einem halben Jahr wurde er langsam, zunächst nur in den Nebenfächern, an die Schule »zurückgewöhnt«, und zwar in der folgenden zweiten Klasse, also ohne Wiederholung. Da wir inzwischen umgezogen waren, handelte es sich um eine andere Schule und um andere Lehrer. Das war natürlich günstig, und die Wiedereinschulung verlief ganz problemlos.

Im 4. Schuljahr starteten wir das ganze Unternehmen noch einmal, wiederum auf Anraten von Herrn Prof. Specht. Diesmal hatte unser Sohn jedoch viele Monate wegen mehrerer komplizierter Augenoperationen mit der Schule aussetzen müssen. Dadurch bestand natürlich gar keine Hoffnung mehr, daß er noch irgendwie mitkommen würde.

Nach dem Krankenhausaufenthalt zum Ende des 4. Schuljahres ließen wir ihn deshalb erst gar nicht wieder zur Schule gehen. Das Kultusministerium – durch den Umzug ein anderes als beim ersten Mal – machte uns allerdings Schwierigkeiten und eine schnelle Entscheidung unmöglich. Ein Schulrat, der die Probleme der Legastheniker kannte, ebnete uns dann den Weg. Seine einzige Bedingung war, daß ein- bis zweimal wöchentlich ein Deutschlehrer unserem Sohn eine Stunde Unterricht gab. Die übrige Zeit benutzte ich zu einem intensiven Legasthenietraining. Ohne schulische Belastung konnten wir entspannt und gezielt arbeiten. In diesem halben Jahr besserte sich die Legasthenie in weit stärkerem Maße, als wir jemals zu hoffen gewagt hatten. Danach schulten wir ihn im Nachbarort (um Frustrationen an der alten Schule vorzubeugen) für das 2. Halbjahr der 4. Klasse wieder ein. Auch das verlief ganz ohne Komplikationen. Er hatte eine liebevolle, mütterliche Lehrerin und ging wieder gerne zur Schule!

Ich habe diesen entscheidenden Lebensabschnitt unseres Sohnes deshalb so ausführlich geschildert, weil dieser Weg manchmal bei sehr schwerer Legasthenie die einzige Möglichkeit sein kann, um dem Kind Kraft und Mut zum Weitermachen zu geben.

Denken Sie also in scheinbar ausweglosen Situationen an die Möglichkeit, den Legastheniker für einige Zeit aus der Schule zu nehmen.

Um entscheiden zu können, *welche Förderung* für Ihr Kind am besten sein könnte, informieren Sie sich bitte im Kapitel VII über die verschiedenen Möglichkeiten.

V. Wie erkläre ich meinem Kind die Legasthenie?

Unabhängig davon, in welchem Alter bei Ihrem Kinde die Legasthenie entdeckt wurde, müssen Sie mit ihm darüber sprechen. Sie werden merken, daß Ihr Kind ungeheuer erleichtert ist, wenn es erfährt, daß seine Lese-Rechtschreibschwäche nichts mit Faulheit oder gar Dummheit zu tun hat. Der Hinweis darauf, daß Ihr Kind ja keine Schuld an den schulischen Schwierigkeiten hat, bewirkt oft Wunder. Alles ist nicht mehr so trostlos! Ihr Kind hat wieder Mut zum Weitermachen.

Eine Legasthenie kindgemäß zu erklären, ist gar nicht so schwer, denn ganz genau wollen die Kinder es meist sowieso nicht wissen. Erklären Sie so einfach wie nur möglich. Das könnte etwa so aussehen:

»Wir wissen ja nun durch die Testung, daß du eine Lese-Rechtschreibschwäche hast. Warum ausgerechnet du das hast, das weiß niemand. Aber wir wissen nun genau, daß keiner Schuld daran hat und daß es auch keine Faulheit von dir ist. Und wir wissen auch ganz genau, daß du nicht dumm bist. Es kann alles wieder gut werden, wenn wir uns jetzt zusammentun und gemeinsam an den Schwierigkeiten arbeiten. Wir müssen alle etwas Geduld haben, aber wenn wir zusammen mutig an die Arbeit gehen, werden wir es ganz sicher schaffen.

Du mußt dir vorstellen, das mit der Legasthenie ist ebenso, als wenn man sich ein Bein gebrochen hat. Dann hat man es lange Zeit schwer, weil man alles nicht tun kann, was die anderen Kinder können. Wenn du dann einen Gehgips hast, dann kannst du zwar gehen, aber nur sehr, sehr mühsam und längst nicht so schnell wie deine Klassenkameraden. Die Treppen sind besonders schwierig mit einem Gehgips. Anfangs hast du Angst davor. Das mühsame Treppensteigen ist dann dasselbe, als wenn du mit deiner Legasthenie versuchst, eine ebenso gute Klassenarbeit zu schreiben wie deine Freunde. Das geht eben noch nicht. Und wenn der Gips dann weg ist, dann muß dein Bein von einer Krankengymnastin erst wieder trainiert werden. Durch die lange Zeit mit dem Gips hast du das richtige Laufen ein wenig verlernt. Aber das wird wieder gut, wenn du fleißig übst. Dann kannst du wieder so schnell laufen wie alle anderen Kinder auch.

Und ganz genau so ist es mit der Legasthenie. Anfangs kann man mit den Klassenkameraden noch nicht mithalten, man braucht Hilfe und Schonung, dann braucht man ein richtiges Training und dann wird man eines Tages alles so können wie andere auch. Es können natürlich auch Zeiten kommen, in denen es dir wieder schlechter geht. Das ist dann so, als wenn du dein gebrochenes Bein überanstrengt hättest. Dann muß man geduldig üben, bis es wieder geht. Das Bein wird wieder besser und die Legasthenie auch!

Und wenn du zwischendurch einmal einen schlechten Tag hast, dann denke an die Hochleistungssportler. Die trainieren täglich und doch haben sie manchmal ein Tief, einen schlechten Tag. Dann können sie nicht das leisten, was sie sonst immer konnten. So ist das auch mit deiner Lese-Rechtschreibschwäche. Ein Tief kann jeder mal haben, es geht vorüber, und da wir ja immer fleißig trainieren werden wie ein Sportler, kann uns gar nichts passieren. Es wird alles wieder gut werden.«

So etwa können Sie es Ihrem Kind erklären.

Der Deutschlehrer unseres jüngsten Sohnes erklärte die Legasthenie der Klasse mit einer »überstandenen schweren Grippe«. Ein solches Kind hat viel nachzuholen und muß auch noch geschont werden, damit es keinen Rückfall gibt. Auch auf diese Weise kann man der Klasse recht gut erklären, warum beim Legastheniker die Rechtschreibfehler nicht bewertet werden. Und mit einer Grippe ist man auch weder dumm noch faul gewesen! *Diese Erklärungen vor einer Klasse sind meistens sehr notwendig, um Neid gar nicht erst aufkommen zu lassen und um den Makel von Dummheit und Faulheit zu beseitigen.*

Wahrscheinlich müssen Sie als Eltern dem Lehrer erst einmal erklären, wie er das machen soll, und auch, daß er es unbedingt sagen sollte. Er kann dabei sehr gut die Hilfsbereitschaft der Klasse mobilisieren. Einem Kind mit Gips oder einem geschwächten Kind nach schwerer Grippe muß geholfen werden, das kann jeder begreifen. So muß man auch dem Legastheniker beim Abschreiben von der Tafel helfen, bei der Vervollständigung eines diktierten Textes, beim Notieren von Hausaufgaben, beim Lesen. Wenn ein Kind mit Gipsbein stolpert, wird man nicht lachen, sondern ihm helfen, damit es nicht fällt. Wenn ein Legastheniker beim Lesen »stolpert«, wird man ihm genauso beistehen wie dem Gehgips-Kind.

Nun gibt es auch Kinder, die wollen nicht, daß die Klasse etwas von ihrer Legasthenie erfährt. Diese Kinder haben noch nicht gelernt, mit ihrer Legasthenie zu leben. Sie schämen sich noch. Darauf muß man Rücksicht nehmen und sie langsam davon überzeugen, wie wichtig es ist, daß die Klasse richtig »aufgeklärt« wird und keiner mehr etwas Falsches denken oder sagen kann. Ihr Kind kämpft ja nicht nur mit seinen Fehlern, sondern auch um die Achtung seiner Umwelt. *Unsere Söhne litten wesentlich stärker unter der Verachtung und Herabsetzung durch Lehrer und Klassenkameraden als unter ihren Fehlern.*

Ältere Kinder werden fragen: »Warum habe gerade ich das, wie kommt es dazu?« Dann lesen Sie bitte das Kapitel II. So werden Sie die richtige Antwort finden.

Zu diesem Thema muß noch etwas gesagt werden. Es ist mir unerklärlich, wie es zu der weit verbreiteten Annahme kommen konnte, daß Legastheniker sich »keine Mühe mehr geben würden«, wenn sie erführen, daß ihre Rechtschreibfehler zunächst nicht bewertet würden.

Ein legasthenes Kind ist primär immer arbeitswillig und kann um so unbelasteter an die schulische Arbeit gehen, je klarer ihm ist, daß es nicht auf Rechtschreibfehler, sondern auf gute Mitarbeit ankommt.

Diejenigen Legastheniker, die durch die Nicht-Benotung ihrer Rechtschreibfehler glauben, sich nun ausruhen zu können, bei denen ist schon lange alles verkehrt gelaufen! *Diese Kinder haben sich bereits aufgegeben*, glauben nicht mehr an ein erfolgreiches Arbeiten und daran, daß es mit ihnen jemals besser werden könnte. Bei solchen Kindern sind in den meisten Fällen die Eltern überfordert. Sie brauchen die Unterstützung eines Kinder- und Jugendpsychiaters oder eines Psychologen, je nachdem wie schwerwiegend die Störung ist. Im Kapitel VII, Abs. 2 f, lesen Sie mehr darüber.

VI. Das tägliche Leben mit dem legasthenen Kind – ein Familienproblem! Wie läßt es sich bewältigen?

Jedes Kind ist anders, keine Legasthenie verläuft wie die andere, jede Familie reagiert unterschiedlich auf diese Tatsache. Patentrezepte, die für alle passend wären, gibt es nicht. In vielen Familien ist die Legasthenie erst spät entdeckt worden. Dann können Kummer und Verzweiflung das Eltern-Kind-Verhältnis schon nachhaltig gestört haben. Fast immer werden es für alle betroffenen Familien schwere Jahre werden.
Auch wir haben das alles erlebt, die Verzweiflung, die Hoffnungslosigkeit, die Ängste und Sorgen um die Zukunft unserer Kinder. Wir haben aber letztlich erfahren, daß *Legasthenie kein Schicksal ist, das hingenommen werden muß.* Wir haben gelernt, daß Eltern es in der Hand haben, aus den schweren Jahren auch gute Jahre werden zu lassen. Dazu soll Ihnen dieses Kapitel, das verschiedene Problemkreise aus dem Leben mit Legasthenikern anspricht, ein wenig helfen.

1. Ihr Kind muß lernen, mit der Legasthenie zu leben!

Dies ist die wichtigste Aufgabe der Eltern und steht *über* allen Bemühungen, die Fehlerzahl zu verringern! *Sie und Ihr Kind müssen die Behinderung, die durch die Legasthenie verursacht wird, akzeptieren lernen.* Ihr Kind darf sich nicht mehr schämen, wenn es eingestehen muß, daß es nicht fehlerfrei schreiben und lesen kann. Das ist ein langer und schwerer Weg. Ich will versuchen, Ihnen Hilfen für dieses Ziel zu geben.
Wenn Eltern ihr Kind mit allen Fehlern, also auch den Rechtschreibfehlern, akzeptieren können, dann wird es dem Kind in der Schule auch leichter fallen, nicht immer nur an das richtig zu schreibende Wort zu denken. *Denn erst dann, wenn es nicht mehr überlegen muß, wie man »richtig« schreibt, erst dann kann es seine volle schulische Leistung erbringen.* Dann wird es durch die Rechtschreibung nicht mehr abgelenkt von dem, was es gelernt hat. Sicherlich müssen wir jahrelang daran arbeiten, die Fehlerzahl abzubauen, aber wir wissen auch, daß viele Legastheniker nie ganz fehlerfrei schreiben können. Für diese

Kinder ist es dann wichtig zu erfahren, daß es auf die Dauer erfolgreicher sein wird, alle erlernten Kenntnisse in eine Klassenarbeit einzubringen, als vor lauter Überlegungen, wie man etwas schreibt, nur die Hälfte seines Wissens.

In den Bundesländern, in denen die Rechtschreibung auch in höheren Klassen nicht gewertet wird, fällt es natürlich leichter, mit seinen Fehlern zu leben. Diese Kinder haben unbestreitbar einen großen Vorteil.

Es wird Zeit, daß die Kultusminister aller Länder endlich erkennen, wie wichtig es ist, daß ein legasthenes Kind ohne Angst um mögliche Rechtschreibfehler alles aufschreiben kann, was es gelernt hat. Auch das Abitur sollte ein begabter Legastheniker ohne Sorgen um seine Rechtschreibfehler ablegen können!

2. Wie kann das Selbstbewußtsein gestärkt werden?

Verständnisvolle Eltern werden erkennen, daß wichtiger als alle gezielten pädagogischen Maßnahmen die Wiedererlangung und die Erhaltung des seelischen Gleichgewichtes ihres Kindes ist. Die entmutigten Kinder brauchen zunächst einmal dringend Erfolgserlebnisse. Deshalb sollte man sie anfangs im schulischen Bereich unterstützen und entlasten. Wie man das macht, steht in den Kapiteln VIII und IX. Dann fallen viele bedrückende Erlebnisse des Versagens fort. Das ist der *erste Schritt.*
Der *zweite Schritt* sollte sein, daß Sie für das legasthene Kind viele außerschulische Erfolgserlebnisse herbeiführen. Wenn der Legastheniker auf diese Weise dann etwas selbstsicherer geworden ist, sich schon mehr zutraut und auch mal eine schlechte Note besser verkraftet, erst dann können wirksame Übungen zum Abbau der Legasthenie eingesetzt werden. *So wird auch später bei jeder Legastheniaetherapie über viele Jahre hinweg der Aufbau des stark geschwächten Selbstbewußtseins der wichtigste Teil der elterlichen Hilfe bleiben müssen.*

Praktische Beispiele:
Durch die Unterstützung bei den Hausaufgaben (Kapitel VIII) erreichen wir mehr freie Zeit. Diese gewonnene Zeit brauchen die Kinder dringend für ihre Hobbies, um wenigstens einmal am Tag ganz vergessen zu können, was sie bedrückt. Es müssen deshalb Hobbies und Beschäftigungen sein, bei denen der Legastheniker eine Hauptrolle spielt. Er soll Erfolg haben,

beachtet und bewundert werden. So hilft es ihm *nichts*, als »ein Kind unter vielen« im Kirchenchor zu singen. Aber als Torwart beim Fußball, da ist er wichtig!

Einer unserer Söhne tanzte in einer kleinen Volkstanzgruppe mit. Es gab dort nur wenige Jungen, deshalb wurde er sehr gebraucht.

Er durfte auch Jagdhorn spielen lernen. In dieser Gruppe von Erwachsenen waren nur zwei Kinder, die man mit Nachsicht behandelte und verwöhnte. Im Musikunterricht der Schule durfte er vorspielen. Keiner aus der Klasse spielte dieses Instrument. Das brachte Achtung ein.

Beide Kinder waren lange Zeit in einer kleinen Gruppe, in der sie malen und basteln durften. Ihre Werke wurden ausgestellt und bewundert, auch wenn es keine »Wunderwerke« waren.

Einer der Söhne ging gern in eine Spielgruppe, in der die Kinder ihre Erlebnisse, ihre Sorgen und Ängste darstellen konnten. Ab und zu durften sie, wenn sie wollten, den Eltern und Geschwistern vorspielen. Das half ihm sehr, auch in der Schule wieder Mut zum Sprechen zu bekommen.

Gerade die Ausstellung ihrer Werke oder die Vorführung ihrer Künste vor einem größeren Publikum, von dem sie Anerkennung und Bewunderung erfahren, läßt sie lernen, ihre Angst zu meistern, wenn sie vor der Klasse ihr Wissen zeigen müssen. Diese Angst, sich zu blamieren, ist bei Legasthenikern durch ihre schlechten Erfahrungen immer riesengroß. Deshalb müssen wir mit ihnen üben, wie sie mit einer solchen Situation fertig werden. Falls sie ein Instrument spielen, eignen sich kleine Konzerte auch sehr gut dazu. Unsere Kinder spielten mit ihrem kleinen Flötenchor immer vor alten und behinderten Menschen. Diese waren ein dankbares Publikum: Die Kinder waren immer erfolgreich, auch wenn sie falsch spielten!

Als sie älter wurden, wanderten oder radelten sie in gut geleiteten Jugendgruppen mit. Hier spielten Kameradschaftlichkeit und Hilfsbereitschaft eine Rolle und nicht die Note in Deutsch. Der Legastheniker ist in solchen Gruppen genauso gut wie alle anderen auch!

Diese Jugendgruppen, ob nun Pfadfinder, kirchliche Gruppen oder ähnliches, mit regelmäßigem wöchentlichen Treffen, sind überhaupt sehr wichtig, damit der Legastheniker wieder lernt, sich in einer Gruppe Gleichaltriger unbefangen zu bewegen. Hier weiß keiner von den täglichen Demütigungen und Mißerfolgen in der Schule. Einer unserer Söhne leitet inzwischen selber eine solche Jugendgruppe. Er lernte das in Wochenend- und Ferienseminaren, in denen Verantwortungsbereitschaft, Zuverlässigkeit und Führungsqualitäten eine Rolle spielten und nicht die Rechtschreibfähigkeiten.

Warnen möchte ich Sie vor all den Beschäftigungen, die mit Erfolgs- und Leistungszwang verbunden sind. Ein Fußballklub, der die Kinder als zukünftige Bundesligaspieler sieht und mehrmals in der Woche hart trainiert, ist nicht zu empfehlen. Auch den Fechtklub strichen wir wieder von unserer Liste, denn hartes Training und viele auswärtige Turniere an den Wochenenden hätten die Kinder überfordert. Ebenso fehl am Platz war die Voltigiergruppe, in der die Kinder nur auf fehlerfreie Vorführleistungen trainiert wurden. Unser Sohn war zuvor in einer anderen Stadt in einer Voltigiergruppe gewesen, in der die Freude an der Bewegung auf dem Pferd im Vordergrund stand.

Informieren Sie sich also bitte vorher sehr genau über Ziele und Vorgehen in einer Gruppe, damit Sie Ihrem Kind weitere Mißerfolge ersparen.

3. Wie erhalte ich meinem Kind die Freude an der Arbeit?

Ein Legastheniker, der sich aufgegeben hat, hat keine Freude mehr an der Arbeit.

Soweit dürfen wir es unter keinen Umständen erst kommen lassen! Aber wie schafft man es, daß nicht nur die Hausaufgaben ohne Streß erledigt werden, sondern daß auch noch willig in der Legasthenieförderung mitgearbeitet wird? Das ist gar nicht so schwer, wie die meisten Eltern denken. Sie müssen nur auf zwei wichtige Dinge achten:

a) Hilfe und Entlastung bei den Schularbeiten. Wie man das macht, steht im Kapitel VIII.
b) Unlust bei den Hausaufgaben oder dem LRS-Training *nie* bestrafen, auch nicht mit Fernsehverbot oder Streichung der Hobbys drohen!
c) Belohnung!

Die Belohnung ist eine der ganz wichtigen Säulen in der Behandlung der legasthenen Kinder und wird leider viel zu oft vergessen. In meinen Elterngesprächen erfahre ich das immer wieder. Die Eltern sind verunsichert, denn sehr häufig heißt es in der Schule, daß Kinder nicht belohnt werden sollen. Ein Legastheniker, der ein Mehrfaches an Mühe und Arbeitsaufwand hat als seine Geschwister oder Freunde, der sollte auch belohnt werden, nicht nur mit Worten.

Eins ist dabei ausgesprochen wichtig: Eltern sollten nie das Ergebnis einer Arbeit belohnen, denn gute Arbeiten sind ja so selten. Aber sie sollten immer die Mühe und die Anstrengung anerkennen, die ein Kind aufbringen muß, um überhaupt zu irgendeinem Ergebnis zu kommen!

Wenn ich also mit meinen Kindern täglich zusätzlich für eine Klassenarbeit gearbeitet habe, muß diese *zusätzliche Arbeit* belohnt werden. So wird das Kind nicht schon mutlos an die Arbeit gehen mit dem Gedanken: »Es hat ja keinen Sinn, sich anzustrengen, denn ich bekomme ja doch keine gute Note, also auch keine Anerkennung meiner Leistung!«

Belohnungen für besonders *intensive Bemühungen vor einer Klassenarbeit* sollten schon beim Heimkommen nach der Prüfungsarbeit das Kind überraschen. Das braucht nur ein Zettel auf dem Mittagstisch zu sein: »Heute gehen wir ins Kino«, oder: »Wir machen am Sonntag alle eine kleine Radtour«, oder: »Am Wochenende machen wir ein Lagerfeuer mit deinen Freunden« (sehr wichtig für das Kind!). Oder wie im Märchen: »Du hast einen Wunsch frei.« Der Phantasie sind keine Grenzen gesetzt. Es ist (fast!) alles erlaubt, was dem Kind Freude macht.

Für regelmäßig erledigte *Hausaufgaben und zusätzliche Legasthenieübungen* dürfen die Kinder ein oder mehrere Kreuze in einem gut sichtbaren Wandkalender machen. Für Kinder im Grundschulalter sollte dann nach jeder Woche die Belohnung erfolgen: z. B. ein gemeinsamer Café- oder Zoobesuch, ein kleines Auto für die Sammlung, ein gemeinsamer Stadtbummel. So vieles bringt dem Kind Freude und zeigt ihm, daß Mühe und Arbeit sich gelohnt haben.

Bei älteren Kindern ist die Belohnung noch genauso wichtig. Nur können jetzt die zeitlichen Abstände größer sein. Es muß ja auch nichts Großartiges sein. *Aber eben ganz ohne Anerkennung wird sich ein Legastheniker auch nicht mehr anstrengen mögen.* Bis sich die Mühe in sichtbar besseren Noten niederschlägt, ist der Weg noch weit und mühsam. Und bis dahin braucht der Legastheniker sehr viel mehr Lob und Unterstützung als andere Kinder.

Um aber Geschwisterrivalitäten zu vermeiden, ist es sicher besser, auch Ihre nicht-legasthenen Kinder für *besondere Anstrengungen* zu belohnen. Bei Schülern, die sich um gute Noten nicht sonderlich bemühen müssen, könnten die Belohnungen auf anderen Gebieten erfolgen, wie z. B. bei außergewöhnlichem Einsatz im Haushalt, Auto- und Fahrradwäsche, Einkäufe für die Mutter etc. Solche nicht alltäglichen Arbeiten können auch für die noch nicht schulpflichtigen Geschwister organisiert und belohnt werden. So läßt sich mit etwas Nachdenken Neid in der Familie sicher vermeiden.

Noch ein Wort zur *Arbeitsunlust*. Oftmals heißt es: »Ach, das Kind ist ja nur faul.« Dabei wird immer übersehen, daß »Faulsein« nur ein Anzeichen für irgendeine Störung ist, deren Ursache man suchen muß. Bei den Legasthenikern ist die Ursache eben ihre Lese-Rechtschreibschwäche. Für diese Kinder gilt das Wort: »Faulheit ist immer noch ehrenhafter als Dummheit!« Wie unendlich oft wird das legasthene Kind als »dumm« bezeichnet! Und weil es das ja nun wirklich nicht ist und weil man mit Dummheit niemandem imponieren kann, legt der Legastheniker schließlich Wert darauf, lieber »faul« genannt zu werden. Damit kann man sich bei den Klassenkameraden wenigstens noch eine gewisse Anerkennung sichern. *Sogenannte faule Kinder brauchen unsere ganz besondere Hilfe, denn sie haben schon einen langen Leidensweg hinter sich.*

Zunächst ist jedes Kind bemüht, sein Versagen in der Schule mit größerem Einsatz auszugleichen. Bleibt der Einsatz ohne Erfolg, dann verzagt es und wird »faul«. Natürlich reagieren nicht alle Kinder mit »Faulheit«. *Es ist aber unerhört schwierig, ein einmal mutlos gewordenes Kind wieder zur Mitarbeit zu gewinnen.* Bei zu spät erkannter Legasthenie können es die Eltern trotz großer Mühe manchmal nicht allein schaffen. Dann wird man die Unterstützung durch einen Psychologen oder Kinder- und Jugendpsychiater brauchen (s. Kapitel VII).

4. Der Tagesablauf mit dem legasthenen Kind

Unsere persönlichen Erfahrungen haben gezeigt, daß die Kinder einen geregelten, störungsfreien Tagesablauf brauchten. Viel Besuch, größere Unternehmungen am Wochenende, zu späte Nachtruhe und zuviel Fernsehen erbrachten mit schöner Regelmäßigkeit einen Leistungsrückschlag bei den Kindern. Sie wurden unkonzentriert und unruhiger. Wenn man weiß, wie unendlich viel durch falsche Behandlung der Kinder für diese auf dem Spiel steht, fällt es einem sicher nicht schwer, einige Zeit hindurch konsequent auf eine ausgeglichene Familienatmosphäre zu achten. Man erleichtert sich und dem Kind diese schwierige Zeit. Das müssen auch Verwandte und Freunde einsehen. Ich jedenfalls habe wie ein Cerberus über der Familienruhe gewacht und bin heute noch überzeugt, daß diese ungeheuer wichtig für das Wohlergehen der Kinder war.

5. Die Ferien

So wichtig wie ein ruhiger, gleichmäßiger Tagesablauf, so wichtig sind auch erholsame Ferien für die Kinder.
Lernen Sie nie mit Ihrem Legastheniker in den Ferien!
Diese Kinder brauchen eine vollkommen unbelastete Zeit, um ihren Kummer zu vergessen. Sonst können sie sich nicht erholen. Und vermeiden Sie zu anstrengende, zu erlebnisreiche Ferien. Es lohnt sich wirklich, ein paar Jahre lang die Bedürfnisse des legasthenen Kindes in den Vordergrund zu stellen. Es müssen ja deshalb keine langweiligen Ferien werden. Wir fuhren jahrelang an denselben Ort, den wir alle liebten. Unsere Kinder lebten schon lange in der Vorfreude, brauchten sich nicht einzugewöhnen, konnten aus dem Auto steigen und beim Nachbarn im Stall »nach dem Rechten sehen«. Noch zehn Jahre später ist die Erinnerung lebendig. Das Sportfest, bei dem unser durch die Schule verzweifelter Sohn »2. Sieger« wurde, einen Vierfarbenstift bekam und mit einer blauen Schleife geehrt wurde, die er noch heute besitzt. So hoch dekoriert marschierte er stolz an der Spitze des Festzuges durchs Dorf. Welch' glückliche Erinnerung, auch für uns Eltern, trotz der schweren Jahre.
Oder wandern Sie einmal mit Ihren Kindern, so richtig mit Rucksack von Jugendherberge zu Jugendherberge. Es gibt Familienzimmer. So bleiben Sie Tag und Nacht als Familie zusammen.
Oder machen Sie, wie wir es noch in herrlichster Erinnerung haben, einen Urlaub irgendwo »am Ende der Welt«, ganz ohne Telefon, Zeitung, Fernsehen oder Lifte. In dieser Einsamkeit sind Sie als Familie ganz aufeinander angewiesen. Da ist nichts mehr, was an Legasthenie erinnert. Unsere Erlebnisse waren

spannend und füllten uns vollkommen aus. Keiner vermißte die Zeitung und keiner das Fernsehen.

Wenn Sie nicht mit Ihren Kindern fortfahren können, dann sollten Sie doch versuchen, den Legastheniker zu Verwandten, zu Freunden oder mit einer Jugendgruppe verreisen zu lassen.

Ihr Kind braucht hin und wieder eine Zeit und einen Ort, wo es nichts an die Schule und seinen Kummer erinnert.

6. Was tun, wenn den Eltern etwas passiert?

Haben Sie das auch kennengelernt, diese unheimliche, nicht eingestandene Angst, es könne einem selber etwas passieren, oder schlimmer noch, es könne uns beiden Eltern etwas geschehen? Das Gefühl, wir könnten irgendwann nicht mehr in der Lage sein, unsere Kinder so lange zu begleiten, bis sie uns nicht mehr so bitter nötig brauchen würden, dieses Gefühl der Angst steigerte sich jedesmal, wenn mein Mann und ich ohne die Kinder eine längere Autofahrt machen mußten. Ich weiß, daß es vielen Eltern ebenso geht wie uns, aber man spricht nicht darüber, denn wer denkt schon gerne an den Tod? Da ich für uns schließlich einen Ausweg fand, will ich ihn schildern:

Mit meiner Schwester und meinem Schwager vereinbarten wir, daß wir uns gegenseitig helfen würden, wenn wirklich eine solche Situation eintreten sollte. Wir wußten, daß meine Schwester alles in unserem Sinn weiterführen würde. Das war damals eine ungeheure Beruhigung für uns.

Wenn man sicher gehen will, daß dieser Wunsch auch wirklich respektiert wird, sollte man ihn testamentarisch festlegen, d. h. handschriftlich niederschreiben. Beide Eltern müssen unterschreiben, damit das Dokument auch Gültigkeit hat.

7. Der Legastheniker und seine Familie

Wie alle Kinder, die in irgendeiner Weise krank oder behindert sind, so braucht auch der Legastheniker die Geborgenheit in der Familie in weit stärkerem Maße und über einen sehr viel längeren Zeitraum als ein seelisch und körperlich vollkommen gesundes Kind. Das Verständnis der Eltern ist schon die größte Hilfe, die Sie ihm geben können. Während der mühsamen und entmutigenden Schulstunden muß ein solches Kind daran denken können, daß es zu Hause keine Ängste und Sorgen gibt, daß die Familie weiß, daß es trotz schulischer Probleme kein Versager ist. Es muß sicher sein, daß es in der Familie über jeden Kummer sprechen kann, daß es getröstet wird.

Versuchen Sie, möglichst immer zu Hause zu sein, wenn der Legastheniker von der Schule kommt. Er muß *gleich* alle belastenden Erlebnisse loswerden können. Lassen Sie ihn von allem erzählen und trösten Sie ihn, *aber lassen Sie sich selber Ihre Sorgen und Ihre Verzweiflung und vielleicht auch Ihre Enttäuschung über schlechte Noten nicht anmerken!* Ich glaube, das ist vor allen Dingen sehr wichtig, denn sonst könnte das Kind noch mehr belastet werden. Ganz leicht ist dies sicher nicht. Ich weiß noch sehr gut, wie tief betroffen ich jeden Tag war, wenn die Kinder so traurig morgens das Haus verließen und so kummerbeladen von der Schule kamen. Wenn sie schwere, entscheidende Arbeiten schrieben, war ich selbst in diesen Stunden so unruhig, daß ich kaum zu einer Arbeit fähig war. Die Abende und halben Nächte am Bett der Kinder, wenn sie weinten, haben auch mich völlig fertig gemacht. Trotzdem habe ich verhindern können, daß sie meine Sorgen bemerkten.

Schlechte Nachrichten aus der Schule habe ich ihnen, ebenso wie meine vielen Gespräche mit den Lehrern, verschwiegen. Ich ließ nachts unsere Schlafzimmertüren offen, wenn die Kinder sich fürchteten, hielt ihnen tagsüber aufregende Filme, Bücher und Hefte fern, ich beschützte und behütete sie, kurz: ich tat alles, was die moderne Psychologie als »Überbehütung« (Overprotecting) verdammen würde, und was in diesem Ausmaß für »gesunde« Kinder auch sicherlich nicht angebracht ist. Unseren legasthenen Kindern ist das alles aber offensichtlich nicht schlecht bekommen! So sollten auch Sie sich nicht irritieren lassen, wenn andere der Meinung sind, daß Sie Ihr Kind zu sehr an sich binden, zu sehr verwöhnen würden, nicht selbständig werden ließen, und was es da sonst noch an Aussagen mehr gibt. Ich habe mir vieles anhören müssen und habe darunter sehr gelitten, doch heute bin ich froh, daß ich damals doch das tat, was ich für richtig hielt.

Wenn der Legastheniker mit Hilfe der Eltern alle Schwierigkeiten bewältigt hat, wenn sein seelisches Gleichgewicht wieder hergestellt ist, dann ist die Gemeinschaft zwischen Eltern und Kind so stark geworden, daß auch eventuelle spätere Probleme gemeistert werden können. Das Kind wird, weil es Geborgenheit und Vertrauen in der Familie erlebt hat, eines Tages mit mehr Selbstvertrauen und Sicherheit als seine Altersgenossen auch unbekannte Schwierigkeiten bewältigen können.

Es hat mehr Kummer und Leid erfahren müssen als alle anderen, es hat auch härter arbeiten müssen, um sein Ziel zu erreichen. Es hat aber auch erfahren, daß Anstrengungen und Mühen sich gelohnt haben. Dieses Kind ist durch Leid stark geworden.

Auch Ihr Kind kann so werden. Es ist kein leichter Weg, aber auch nicht so unerreichbar, wie es Ihnen jetzt noch vorkommen mag.

VII. Wer kann dem Legastheniker helfen?

1. Hilfe im schulischen Bereich

a) Förderkurse an den Schulen

Eigentlich sollten an allen Schulen Förderkurse für Legastheniker stattfinden. Die Erlasse sehen das vor. Doch steht diese Forderung in den meisten Fällen nur auf dem Papier. Bei einer *leichten Legasthenie genügen diese Förderkurse*, und Eltern haben das Recht, auf ihrer Einrichtung zu bestehen. Hartnäckigen Eltern mit kämpferischem Geist mag dies auch gelingen. Nicht alle Eltern aber schaffen das, und nicht immer sind solche Kurse zu empfehlen (z. B. bei einer schweren Legasthenie). Wenn jedoch Förderkurse eingerichtet sind, haben sie leider oft viel zu große Gruppen, finden zu selten statt und fallen auch noch häufig für längere Zeit aus, wenn die Legasthenie-Lehrkraft anderswo gebraucht wird. Außerdem sind solche Therapieeinrichtungen oft ein »Sammelbecken für alle lernrückständigen Kinder«, wie *Tamm* schon 1970 beschrieben hat. Diese schulischen Förderkurse finden auch häufig erst statt, wenn das Kind bereits müde ist. Deshalb sind solche Stunden in den meisten Fällen wirklich nur für die leichten Legasthenieformen zu empfehlen.

b) Hilfe durch die Lehrer Ihres Kindes

Zwar können die Lehrer, die Ihr Kind unterrichten, im allgemeinen die Legastheniebehandlung nicht übernehmen, dennoch können gerade sie unendlich viel für Ihr Kind tun. Der Spruch: »Bei 40 Kindern in einer Klasse kann man keine Ausnahme machen«, ist fast immer eine Ausrede.
Ich habe in vielen Fällen das Gegenteil erlebt. Von einigen will ich hier berichten.
In der 4. Klasse hatte unser jüngster Sohn eine Klassenlehrerin, die nicht nur vorbildlich Rücksicht auf die zum Teil sehr schweren Legastheniker ihrer Klasse nahm, sondern es auch noch fertig brachte, während des Unterrichtes diejenigen

Kinder besonders zu fördern, die für ein Gymnasium geeignet waren, und ebenso die Schüler, die eine Realschule besuchen sollten. Unter den Diktaten, die unser Sohn damals noch mitschreiben mußte, standen stets aufmunternde und lobende Worte, ebenso unter den Aufsätzen.

Der Lehrer, bei dem er Leseunterricht hatte, erfüllte meine Bitte und nahm ihn stets am Anfang der Stunde dran, wenn er sich noch konzentrieren konnte, und ließ ihn auch nur die Zeilen lesen, die ich mit ihm einwandfrei hatte üben können. Und nie vergaß dieser Lehrer ein abschließendes Lob.

Ich kenne auch eine Studienrätin für Englisch, die die Legastheniker ihrer Klasse zusammenfaßt und ihnen während des Unterrichtes die Grammatik noch einmal anhand von selbst ausgearbeiteten Tabellen erklärt. Die Nicht-Legastheniker müssen sich in dieser Zeit still mit anderen Aufgaben beschäftigen.

Man sieht, daß es möglich ist, Rücksicht auf Legastheniker zu nehmen.

Angesichts der Tatsache, wie ungeheuer wichtig für die gesamte schulische Laufbahn eines Legasthenikers die Behandlung durch die Pädagogen ist, kann man nur immer wieder alle Lehrer auf das schwere und unverschuldete Schicksal der Legastheniker hinweisen.

»Chancengleichheit« wird in den Gesprächen den Eltern immer wieder vorgehalten, und damit begründet man, daß für Legastheniker keine Ausnahmen gemacht werden können.

»Ein Unterricht, der für alle Schüler gleich ist, ist keinesfalls für jedes Kind recht«, so schreibt Professor *Kowarik* schon 1973.

Und »Chancengleichheit« heißt ja nicht, daß alle Kinder gleich behandelt werden, sondern daß alle Kinder die gleiche Chance bekommen sollen.

Behinderte und benachteiligte Kinder muß man also so fördern, daß sie letztlich dieselben Chancen zur schulischen Bildung erhalten wie gesunde Kinder auch. Der Ausspruch: »Dieses Kind gehört eben nicht in eine solche Schule«, ist unerträglich und wird doch immer wieder geäußert. Ein Legastheniker ist nicht dumm und kann deshalb genau wie andere Kinder auch die Schulart besuchen, die seiner Begabung entspricht! Es ist einfach ungerecht, einen Legastheniker, der 14 Tage lang mit allen verfügbaren Kräften für eine Englischarbeit geübt hat, mit derselben schlechten Note zu bestrafen, wie den Mitschüler, der für die Englischarbeit nichts geübt hatte und deshalb schlecht war. Diese ungerechte Behandlung hat einem unserer Söhne für viele Jahre die Lust am Englischunterricht nachhaltig verdorben. Und es hat sehr lange gedauert – auch wieder Jahre –, bis sein jetziger Englischlehrer mit viel Geduld seine Angst besiegte und seine Freude an der Sprache wieder wecken konnte. Lassen Sie deshalb nicht nach in Ihren Bemühungen, mit den Lehrern Ihres Kindes immer wieder ins Gespräch zu kommen.

Ich weiß aus bitterster eigener Erfahrung nur zu gut, wie schwer das ist, wie demütigend und tief deprimierend solche Gespräche sein können. Jahrelang bin ich mir vorgekommen wie eine Mutter, die nur eines im Sinn hat: ihre total unbegabten Kinder mit besten Noten durch die Schule zu schleusen.

Sie werden das alles kennen. Aber geben Sie deshalb nicht auf. Sie werden auch immer wieder Lehrer finden, die Verständnis haben und Ihrem Kinde dann helfen werden.

Ein Legastheniker reagiert wie ein Barometer auf die leisesten Veränderungen und Belastungen und zeigt oft sehr starke Schwankungen in seinen Leistungen. Deshalb ist es auch so wichtig, daß die Lehrer Ihres Kindes durch häufige Gespräche genau wissen, was alles mit der Legasthenie zusammenhängen kann.

Und vergessen Sie nicht, sich beim Pädagogen Ihres Kindes zu bedanken, wenn er Verständnis hat und Entgegenkommen zeigt. Auch Lehrer brauchen ab und zu ein Lob! So kann sich eine gute Zusammenarbeit entwickeln.

c) Internate für Legastheniker

Immer wieder wird es Situationen geben, in denen sich Eltern entschließen müssen, ihr Kind in ein Internat zu geben. Der Entschluß wird niemandem leichtfallen, denn ein legasthenes Kind braucht die Sicherheit und Geborgenheit des Familienlebens mehr als andere Kinder. Wenn Eltern nun diesen Schritt gehen, sollten Sie sich zuvor an den Bundesverband Legasthenie wenden (Adresse steht im Kapitel IV, S. 36). Es gibt einige gute Internate, in denen Legastheniker eine spezielle Betreuung erhalten. Schauen Sie sich diese Schulen an, sprechen Sie mit Lehrern und Heimleitern und nehmen Sie vor allem Ihr Kind mit. Es muß sich wohlfühlen dort, sonst kann sich die

Legasthenie nicht bessern. Über die Möglichkeit, finanzielle Unterstützung für die Internatsunterbringung zu erhalten, erfahren Sie ebenfalls weiteres beim Bundesverband.

2. Hilfe im außerschulischen Bereich

a) durch die Eltern

Da außerschulische Förderkurse durch Psychologen oder Pädagogen sehr teuer sind, entschließen sich manche Eltern, die Förderung ihrer Legastheniker selber zu übernehmen. Eine Anleitung dazu finden Sie im Kapitel X.

b) durch einen Pädagogen

Hat man die Legasthenie rechtzeitig bemerkt und ist der Legastheniker noch nicht so kummerbeladen und arbeitsunlustig und die Legasthenie nicht allzu schwer, dann ist es richtig, wenn die Eltern sich an einen Pädagogen wenden. *Dieser sollte in jedem Fall in der Legastheniearbeit erfahren sein, denn Legasthenieunterricht muß ganz anders gestaltet werden als ein einfacher Nachhilfeunterricht.*
Der Unterricht kann je nach Schweregrad der Legasthenie in kleinen Gruppen mit 3 bis 4 Kindern erfolgen. Bei schwererer Legasthenie sollte zunächst für mindestens ein halbes Jahr der Einzelunterricht bevorzugt werden. Je intensiver der Lehrer auf die ganz persönlichen Schwächen des Legasthenikers eingehen kann, um so schneller wird man auch mit einer Besserung rechnen können.
Denken Sie daran, daß Ihr Kind den Lehrer oder die Lehrerin mögen muß. Die Zuneigung und das Vertrauen des Kindes sind fast wichtiger als die fachlichen Qualitäten des Lehrers. Wenn Ihr Kind schon am Abend Angst hat vor dem Legasthenieunterricht am nächsten Tag, wenn es lustlos und ungern hingeht, dann nützen der ganze Legasthenieunterricht und die beste Lehrkraft überhaupt nichts! Die Angst blockiert das Kind total. Ein guter Legastheniepädagoge kann diesen Unterricht interessant und abwechslungsreich gestalten, so daß der Legastheniker auch gerne hingeht. Was Sie noch dazu beitragen können in Form von Belohnungen, das lesen Sie im Kapitel VI.

c) durch einen Psychologen

Wenn die Legasthenie spät erkannt wurde und Ihr Kind sich nun schon als Versager sieht, wenn es in der Schule nicht mehr mitarbeiten mag, die Schularbeiten zum täglichen Kampf ausarten, dann sollte zunächst ein guter Psychologe die Behandlung bei Ihrem Kind übernehmen. Ob eine Gruppentherapie oder eine Einzelbehandlung notwendig ist, wird der Psychologe entscheiden.
Auch hier gilt wieder: Ihr Kind muß Zutrauen haben und den Psychologen oder die Psychologin mögen.

d) durch Erziehungsberatungsstellen

In manchen Orten sind auch die Erziehungsberatungsstellen darauf eingerichtet, Legastheniker zu behandeln. Das ist kostenlos. Allerdings verfügt man nicht überall über die notwendige Erfahrung. Eltern sollten sich vorher genau erkundigen. Die Behandlung erfolgt zumeist durch Psychologen. Eine pädagogische Betreuung gibt es dort also nicht. Deshalb eignen sich die Erziehungsberatungsstellen für Kinder, die schon Verhaltensauffälligkeiten haben und die Betreuung durch einen Psychologen brauchen.

e) durch den Kinderarzt

Legastheniker sind gesundheitlich meistens recht anfällig. Das ist kein Wunder, denn sie müssen fast immer bis an den Rand ihrer Kräfte arbeiten. Dazu kommen die seelischen Belastungen, die wir unseren Kindern kaum jemals ersparen, höchstens erleichtern können.
So erlebe ich immer wieder, daß zum Ende der Grundschulzeit oder in der 5./6. Klasse der Legastheniker »zusammenbricht«. Er kann nicht mehr. Meist sind es Kreislaufstörungen, viele Grippen, schwere Erkältungen. Oft als Folge von Verkrampfungen Schmerzen am ganzen Körper. Die Haltung mit nach vorne oder nach oben gezogenen Schultern zeigt, daß dies Kind ständig auf neue »Schläge« wartet. Es kriecht in sich zusammen: »Je weniger ich gesehen werden kann, je weniger stark können mich auch die Demütigungen treffen!«
Sie sollten – bevor Ihr Kind ganz krank ist – einen Kinderarzt aufsuchen. Er muß allerdings etwas von Legasthenie verstehen,

um den ernsthaften Hintergrund der Beschwerden Ihres Kindes ermessen zu können. Der Arzt kann die Kreislaufschwierigkeiten behandeln. Er kann auch entscheiden, ob man Medikamente einsetzen sollte, um Ihr Kind ein wenig von seinen Verkrampfungen zu befreien. Er wird auch überlegen, ob noch weitere Untersuchungen, etwa bei einem Kinderneurologen oder bei einem Kinder- und Jugendpsychiater, notwendig sind.

An einen Rat meines erfahrenen Kinderarztes muß ich noch heute oft denken: »Schicken Sie Ihr Kind nach einer Krankheit nie zu früh wieder in die Schule!« Sie werden diesen Konflikt sicher kennen. Ihr Kind ist häufig krank, versäumt sehr viel mehr Schule als alle anderen und könnte sich dies mit seiner Legasthenie doch gar nicht »leisten«. Man hat Angst vor dem vielen Stoff, der nachgeholt werden muß, läßt sich jeden Tag die Schularbeiten geben und versucht, sobald wie möglich wenigstens dies mit dem Kind zu arbeiten.

Aber so kann Ihr Kind nie gesund werden!

Sie können sich die Hausaufgaben geben lassen, aber arbeiten Sie nicht mit dem Kind, auch wenn es ihm schon besser gehen sollte oder es ja gar nicht »so krank aussieht«. Ihr Kind ist dennoch krank und muß geschont werden. Ist es dann offensichtlich ganz gesund, behalten Sie es noch 2 bis 3 Tage zu Hause. In dieser Zeit können Sie spielend alles Versäumte aufholen, und Ihr Kind geht dann ohne Lücken und gekräftigt wieder zur Schule. Oft sind es die Kinder selber, die zu früh in die Schule drängen – aus Angst, zuviel zu verpassen. Erklären Sie ihm, wie verkehrt das ist!

Und wenn Sie sich nach Ablauf eines Jahres fragen, was hat mein Kind wohl Entscheidendes versäumt, weil ich es jeweils ein paar Tage länger zu Hause ließ, dann merken Sie schnell, *daß es gar nichts versäumt hat, was wichtiger als die Gesundheit gewesen wäre!*

f) durch den Kinder- und Jugendpsychiater

Die übergroßen seelischen Belastungen durch die Legasthenie können das Verhalten Ihres Kindes auffällig verändern. Sie brauchen dann die Hilfe eines Fachmannes, des Kinder- und Jugendpsychiaters. Leider gibt es in Deutschland noch nicht sehr viele von diesen Fachärzten. Die Wartezeiten sind daher lang. Zögern Sie deshalb nicht mit der Anmeldung, wenn

Ihnen, den Lehrern oder dem Kinderarzt das Verhalten Ihres Kindes Sorgen bereitet.

Nicht immer sind nur schwere Legastheniker davon betroffen. Oft sind es sogar die ganz leichten Lese-Rechtschreibschwächen. Sie sind jahrelang nicht erkannt worden. Jahrelang hat Ihr Kind gegen unerklärliche Mißerfolge und Demütigungen kämpfen müssen. Eines Tages ist dann trotz nur leichter Legasthenie die seelische Kraft Ihres Kindes erschöpft.

Es gibt zwei Möglichkeiten, mit denen der Legastheniker seine Schwäche auszugleichen sucht:

Die erste Möglichkeit: Manche Legastheniker werden zum Klassenkasper, verbreiten ständig Unruhe, ärgern die Klassenkameraden und werden auch oft »aggressiv«, angriffslustig und unkontrolliert in ihrem Verhalten. Weil sie sich mit guten Noten keine Anerkennung erwerben können, versuchen sie auf diese Weise, Beachtung zu erlangen.

Da die aggressiven Kinder stets auffallen, haben die Eltern die Möglichkeit, rechtzeitig einen Arzt aufzusuchen. Nehmen Sie diese Verhaltensweisen nicht auf die leichte Schulter – es könnte sonst Schlimmeres daraus werden.

Zu oft habe ich das bei meinen Elternberatungen erfahren müssen. Anfangs sind es nur kleine Diebstähle, mit denen sich die Kinder Achtung zu verschaffen suchen. Später werden es größere. Legastheniker sind ja nicht dumm, und so werden sie leicht zum Führer einer Clique oder einer Bande jugendlicher Täter. Der nächste Schritt sind Alkohol und Rauschgifte. Und dann wird es meist zu spät sein.

Deshalb achten Sie auf die ersten Anzeichen und unternehmen Sie alles, um Ihr Kind vor einem solchen Schicksal zu bewahren!

Die zweite Möglichkeit: Manche Kinder neigen dazu, sich ganz und gar zurückzuziehen. Diese Verhaltensform fällt erst spät auf, manchmal zu spät. Die Lehrer sind froh, unter den vielen wilden ein ruhiges Kind in der Klasse zu haben. Zu Hause sind die Kinder meistens entlastet von den größten Schulsorgen und fallen dort deshalb am spätesten auf.

Ständiger Kontakt zwischen Elternhaus und Schule ist notwendig, um die manchmal schnell fortschreitende Bedrückung des Kindes rechtzeitig aufzudecken. Mancher Legastheniker ist depressiv und hat sogar Selbstmordgedanken, ohne daß die Umgebung auch nur das leiseste ahnt.

Mit diesen »stillen« Kindern sind ständige Gespräche notwendig. So lange sie über ihren Kummer sprechen und auch noch weinen können, ist es noch nicht zu spät. *Gehen Sie bald zu einem Kinderpsychiater. Nur er kann Ihrem Kinde wirkungsvoll helfen, aus diesem Tief wieder herauszufinden.* Gleichzeitig wird manche andere Maßnahme notwendig werden, z. B. ein Lehrer- oder sogar ein Schulwechsel. Der Arzt wird Ihnen bei dieser Entscheidung helfen.

VIII. Die Eltern, das legasthene Kind und die Hausaufgaben

Professor Michael Atzesberger hat einmal gesagt: »*Solange jemand Hilfe braucht, soll sie ihm gegeben werden.*«
Und Legastheniker brauchen Hilfe! *Sie müssen in erster Linie von zuviel Schreibarbeit entlastet werden, damit ihnen die Arbeitsfreude erhalten bleibt und damit sie die richtigen Arbeitstechniken lernen.*
Die Mithilfe der Eltern sollte sich *nie* nur auf die Frage beschränken, ob die Hausaufgaben auch gemacht wurden. Auch eine bloße Kontrolle der Schularbeiten wäre falsch. Beides hilft Ihrem Kind nicht, bringt Sie und den Legastheniker nur in unnötige Konfrontationen und wäre wenig förderlich für ein harmonisches Familienklima, das der Legastheniker so dringend braucht.
Wenn Eltern sich also um die Hausaufgaben kümmern wollen, dann muß es durch echte Mithilfe sein.

1. Welche Eltern können helfen?

Grundsätzlich kann jeder helfen!
Einschränkung: Eltern müssen Zeit haben! Wenn Sie beide voll berufstätig sind, wird eine Mithilfe nicht möglich sein.
Eltern müssen Geduld haben. Die Arbeit mit dem Legastheniker ist mühsam.
Eltern müssen Einsicht und Einfühlungsvermögen in die komplizierte Situation ihres Kindes besitzen und die Schwierigkeiten akzeptieren.
Können diese 3 Punkte erfüllt werden, so ist das ungestörte Verhältnis zwischen Eltern und Kind auch gegeben.
Immer wieder aber wird man diesen Eltern sagen, sie dürften dem Kinde nicht helfen. Sie würden damit ihr Kind nur in eine verhängnisvolle Abhängigkeit bringen und nur noch leistungsfordernde Eltern sein. Wer so denkt, hat die Hilfe für das legasthene Kind vollkommen falsch verstanden!
Notwendige Hilfe sollte nicht versagt werden, wenn man sie geben könnte. Eltern fordern keine Leistung, sondern helfen

ihrem Kinde, die von der Schule geforderte Leistung zu er-
füllen.

Mir selbst blieb damals nur die Wahl zwischen der Sonderschule für meine Kinder oder meinem totalen Einsatz. Und
ebenso, wie ich anfangs meinem Kind beim Schuheputzen
helfe, damit es lernt, wie man es richtig macht, so helfe ich ihm
auch bei den Hausaufgaben, bis es selbstsicher genug ist, sie
alleine machen zu wollen. Dieser Zeitpunkt kommt bestimmt.
Meine Söhne fingen beide in der 8. Klasse an, selbständig
arbeiten zu wollen.

Versuchen Sie aber nie, diesen Zeitpunkt des Selbständigwer-
dens zu früh herbeiführen zu wollen.

Mit dem Satz: »Nun versuch es doch einmal allein«, stürzen Sie
Ihr Kind nur wieder in die alten Ängste, es nicht schaffen zu
können!

Niemand wird Eltern verurteilen, die aus mancherlei guten
Gründen ihrem Kind nicht helfen können. Auch sollte Ihr
Kind entscheiden können, mit wem es lieber arbeiten möchte,
mit dem Vater oder der Mutter. Haben Sie sich aber entschlossen, dann ist noch eins sehr wichtig: *Die innere Einstim-*
mung!

Kalkulieren Sie in Ihren Zeitplan von vornherein ein, daß Sie
während der Hausaufgaben nichts anderes erledigen können und
auch nicht gestört werden dürfen.

Ich gab meinen Kindern das Gefühl, in dieser Zeit ganz für sie
da zu sein. Ich las keine Zeitung dabei, machte keine Handar-
beit, kümmerte mich nicht um Telefon- und Türglocke. So
»eingestimmt« wird diese Zeit nicht als verloren betrachtet
oder als zu große Belastung empfunden. Ich hatte mich ja
darauf eingestellt und für diese Zeit nichts geplant. Störungen,
die durch Geschwister und sonstige familienbedingte Gegeben-
heiten eintreten können, lassen sich mit gutem Willen und
Organisation fast immer vermeiden. Es ist eben wirklich eine
Frage der Einstellung: *» Wer braucht zu diesem Zeitpunkt meine*
Hilfe am nötigsten.«

2. Was ist grundsätzlich bei allen Hausaufgaben zu beachten?

a) *Der Legastheniker wird nur in den seltensten Fällen genau*
   wissen, was er an Hausaufgaben zu machen hat. Dahinter
   steckt ganz gewiß keine böse Absicht. Die Hausaufgaben

werden zumeist erst am Ende der Stunde angesagt. Die Klasse ist schon unruhig und laut, der Legastheniker erschöpft und erlöst, diese Stunde geschafft zu haben. Die Stimme des Lehrers dringt gar nicht mehr bis zu ihm durch. Also verkündet das Kind mit gutem Gewissen, daß es wirklich gar nichts aufhabe! Bedeutet das doch: eine Quälerei weniger!

Oder aber: Beim Notieren der Schulaufgaben ist der Legastheniker nicht fertig geworden. Er schämt sich, das eingestehen zu müssen.

Oder aber: Er hat von der Tafel falsche Seiten und Abschnitte abgeschrieben. Er macht die verkehrten Aufgaben, zu viele oder zu wenige.

Sicher versteht jeder, daß auch ein liebevoll eingerichtetes Aufgabenheft hier nicht die Lösung der Probleme sein kann.

Abhilfe: Erkundigen Sie sich nach den Hausaufgaben bei den Eltern eines Schulfreundes oder bei dem Freund bzw. der Freundin selber, erklären Sie, warum Ihr Kind seine Hausaufgaben nicht aufschreiben kann (sehr wichtig!). Notfalls läßt sich auch mit den Lehrern eine Abmachung treffen. Sie geben einen Zettel mit den Hausaufgaben möglichst unauffällig mit, denn jede mögliche Demütigung Ihres Kindes muß vermieden werden!

b) *Schreiben Sie Name und Titel auf Hefte und Bücher selber.* Das legasthene Kind hat fast immer eine sehr schlechte Handschrift, schreibt auch seinen eigenen Namen oft noch verkehrt, ebenso die Fachbezeichnungen. Um ihm eine Rüge wegen unordentlicher Heftführung oder den Spott der Klassenkameraden zu ersparen (»Der kann ja noch nicht einmal seinen Namen richtig schreiben.«), nehmen Sie ihm diese Arbeit ab.

c) *Das wichtigste: Nehmen Sie in jedem Fach Ihrem Kind so viel Schreibarbeit ab wie nur irgend möglich!* Sie verhindern damit eine Überforderung des Kindes, erhalten ihm die Arbeitsfreude und gewinnen Zeit für Hobbies und die leider notwendigen legasthenischen Übungen.

Natürlich müssen Sie den Lehrer darüber genau informieren. Er wird es dann auch einsehen, denn Legastheniker erfüllen ihr Soll an Schreibübungen im Legastheniekurs.

Ich setzte unter jede Hausarbeit der Kinder meine Unterschrift, das Datum und die benötigte Arbeitszeit. In einem

Extraheft notierte ich, wie lange und mit welchen legastheni-
schen Übungen die Kinder jeden Tag beschäftigt waren.
Dies bewies Lehrern und Mitschülern zur Genüge, daß die
Kinder mehr und länger zu arbeiten hatten als alle anderen.
Hausaufgaben sind für alle Beteiligten eine sehr belastende
Angelegenheit. Es geht aber kein Weg daran vorbei. Und
darum versuchte ich, das Übel so klein wie nur irgend
möglich zu halten.

d) *Pausen:* Fast ebenso wichtig wie die Entlastung von zuviel
Schreibarbeit sind die Pausen. Wie viele man einlegen muß
und wie lange sie sein sollten, ist bei jedem Kind anders.
Aber es ist besser, zwei Pausen zu viel zu machen als eine zu
wenig. Bei meinen Kindern hat oft genügt, wenn ich sie
zwischendurch mal in die Arme nahm und wir Pläne schmie-
deten für die Zeit nach den Schularbeiten.

3. Konkrete Hilfen für jedes Fach im Grundschulbereich

Aufsätze: Die Aufsätze legasthener Kinder sind meist jahrelang
kümmerliche Produkte. Sie benutzen nur kurze, einfache Wörter, damit sie Fehler vermeiden können und schneller fertig
werden. Sie umgehen längere Sätze und erst recht die Neben-
sätze, weil sie den Überblick über ihr Geschriebenes gar nicht
haben und das Komma fürchten.
Es ist aber unerläßlich und für die ganze Schulzeit von großer
Wichtigkeit, daß die Legastheniker lernen, gute Aufsätze zu
schreiben. Es ist oftmals ihre einzige Möglichkeit, die Deutsch-
note zu verbessern.
Deshalb verwandte ich sehr viel Zeit auf das Aufsatztraining
und verstieß mit meinem Verhalten auch sicher gegen jede
pädagogische Regel. Aber das bedrückte mich nicht – und der
Erfolg hat mir Recht gegeben.
Ich ließ mir zunächst von den Kindern den Gedankengang ihres
Hausaufsatzes erzählen. Dann haben wir Satz für Satz »erarbei-
tet«. Ich ermunterte meine Kinder, für die monotonen »daß –
wenn – und – aber – ist – Sätze« bessere Formulierungen zu
finden. Ich selbst schrieb dann das, was sie mir sagten, ins Heft
oder tippte es mit der Maschine und klebte es ein. *Darunter kam*
stets der Vermerk: »Vom Kind diktiert«, die benötigte Zeit und
meine Unterschrift. So habe ich vermieden, daß aus Abneigung
gegen die viele Schreibarbeit zu kurze und stilistisch schlechte

Aufsätze geschrieben wurden. Ich vermied damit auch die verhaßten und zwecklosen Verbesserungen. Die Kinder lernten, auf vollständige Sätze zu achten (großes Problem!) und auf die genaue Durchführung ihres Gedankenganges. Alles machte sich in späteren Schuljahren bezahlt. *Ich erreichte außerdem mit diesen Aufsatzübungen für alle Fächer eine bessere Formulierung und Ausführung ihrer Gedanken.* Daß man den Kindern mit einem »Elternaufsatz« keinen Gefallen tut, braucht wohl nicht erwähnt zu werden.

Weniger gute Erfahrung machte ich mit »Kassettenaufsätzen«. Die Kinder benutzten ihre Umgangssprache, und meist gerieten die Texte zu lang. Sie mußten ja nichts selber schreiben!

Die *Verbesserung* in der Schule geschriebener Aufsätze ist eine Qual. Die vielen Rechtschreibfehler berichtigen zu lassen, oft auch noch dreimal jedes Wort, ist ganz und gar zwecklos! Es entstehen nur neue Fehler. Und Lerngewinn erzielt der Legastheniker mit der Fehlerberichtigung auch nicht, denn er haßt jedes fehlerhaft geschriebene Wort. So habe ich mich in manchen Fällen mit dem Deutschlehrer darauf geeinigt, daß mir die Kinder nur die unvollständigen und mißratenen Sätze in richtiger Form diktiert haben.

Lesen: Genau und flüssig lesen zu können, ist für alle Fächer ebenso wichtig wie die Aufsatzübungen. Fast nie aber wird ein Legastheniker in der Lage sein, den aufgegebenen Lesestoff zu bewältigen. Um die notwendigen Leseübungen trotzdem ausführen zu können, vereinbarte ich mit dem verständnisvollen Lehrer folgendes: Wir übten nur so viele Zeilen, wie ich erfahrungsgemäß in ungefähr einer Viertelstunde schaffen konnte. Diese Zeilen übten wir gründlich. Wenn es geht, sollte man die Fibel oder das Lesebuch selber besitzen, um schwierige Wörter mit Silbenbögen versehen und mit Leuchtmarkern anmalen zu können. Den Lehrer bat ich, unser Kind gleich zu Beginn der Lesestunde und nur mit den geübten Zeilen lesen zu lassen. Das war sehr erfolgreich. Unser Sohn bekam Spaß am Lesen und übte freiwillig mehr als verlangt wurde.

Auswendiglernen von Gedichten: Da unsere beiden Kinder eine wirklich schwere Lesestörung hatten, sprach ich ihnen die Texte so lange vor, bis sie mitsprechen und alles schließlich auswendig konnten. Natürlich wäre es weniger zeitaufwendig, das Gedicht auf Kassette zu sprechen und die Kinder abhören zu lassen. Ich hatte aber das Gefühl, daß die persönliche Übermittlung mit dabei ausgesprochenem Lob und mit Ermutigung die Kinder schneller lernen ließ, als wenn sie eine Kassette abhörten.

Diktate: Diktate zu üben und zu verbessern, kommt hoffentlich nicht häufig vor. In den Erlassen ist vorgesehen, daß leserechtschreibschwache Kinder nicht mitzuschreiben brauchen. Manchmal wollen Kinder aber mitschreiben und dafür üben. Bei schweren Legasthenien muß unbedingt davon abgeraten werden! Die Kinder sind weit hinter dem Leistungsstand der Klasse und würden nur entmutigt, wenn sie Dinge üben würden, die sie noch nicht können. Ich mußte das damals leider tun, weil es den Erlaß noch nicht gab. Wir haben verzweiflungsvolle Stunden mit dem sinnlosen Üben verbracht.
Bei leichteren Legasthenien sollte man nur die Wörter üben, die dem Kind keine Schwierigkeiten bereiten. Den Lehrer bittet man, die *richtig geschriebenen Wörter zu unterstreichen* und keinesfalls die Fehler!
Kinder wollen Erfolge sehen. Deshalb malte ich ihnen auf Millimeterpapier einer Kurve mit der Anzahl der richtig geschriebenen Wörter. Meist ergibt sich ja von Mal zu Mal eine Besserung. Sollte einmal ein Rückfall eintreten, kann man das Kind trösten mit einem zu schweren Text, zu großer Müdigkeit oder ähnlichen Ausreden und den Kurvenabfall »unterschlagen«. So »geschönt« zeigt die Linie immer eine tröstende Aufwärtstendenz.

Grammatikübungen: Alle Übungen, die im Deutschunterricht das Bilden von Sätzen erforderten, ließ ich die Kinder mündlich machen und mir ins Heft diktieren. Ebenso verfuhr ich mit den Einsatzübungen ins Arbeitsbuch. Mit den trickreichen Regelübungen waren sie fast immer überfordert. Wenn Ihr Kind die zu übende Schwierigkeit, also etwa die Doppelung oder Dehnung im Legasthenie-Förderkurs noch nicht behandelt hat, sollte man sie ihm ersparen. Dafür beschäftigt man sich besser mit den Regelübungen, die in der Legasthenie-Therapie gerade durchgenommen werden.

Rechnen: Bei einer schweren Legasthenie muß man immer auch beim Rechnen größere Probleme erwarten. Grundsätzlich kann man es allen Kindern erleichtern, indem man selber die

Rechenaufgaben vom Buch ins Heft überträgt. So werden Abschreibfehler und damit unnötige Rechenfehler vermieden. Es entfällt außerdem damit, daß die Kinder schon vor dem eigentlichen Rechenvorgang zu sehr ermüden. Das Rechenergebnis einzutragen ist schon Arbeit genug!

So blieb ich auch während des Rechnens bei meinen Kindern, um Fehler gar nicht erst entstehen zu lassen. Es ist so entmutigend, wenn sie alles noch einmal rechnen müssen.

Die Textaufgaben habe ich zunächst den Kindern deutlich vorgelesen. Dann las ich sie mit ihnen zusammen, und wir malten die Textstellen, die für das Verständnis der Aufgabe wichtig waren, mit Leuchtmarkern an. *Textaufgaben bleiben fast immer problematisch.* Deshalb lohnt sich jede Mühe!

Beim Kopfrechnen braucht man viel Geduld. Legastheniker neigen dazu, auf komplizierten Umwegen zum Ergebnis kommen zu wollen. Dabei bleiben dann immer ein paar Zahlen auf der Strecke.

Über die Schwierigkeiten, die ein Legastheniker sonst noch beim Rechnen haben kann, erfahren Sie mehr im Kapitel III.

Die Sachfächer: In allen Fächern wie Erdkunde, Biologie usw. habe ich meinen Kindern auf folgende Weise geholfen: Alle Texte, die sie durchlesen mußten, habe ich ihnen vorgelesen. Dabei machte ich mit großer, deutlicher Schrift Stichpunkte auf ein Blatt. Nach diesen Stichpunkten lernten sie dann.

Meist müssen Fragen schriftlich beantwortet werden. Ich las ihnen die Fragen vor und ließ mir ihre Antworten ins Heft diktieren.

4. Konkrete Hilfen für jedes Fach im Sekundarbereich

Ein *Tip* vorweg, der Gültigkeit für alle Fächer im Sekundarbereich hat: Unser am schwersten betroffener Sohn, der auch in höheren Klassen noch Schwierigkeiten beim schnellen Mitschreiben diktierter Texte hat, borgt sich das Heft eines »guten« Mitschülers und fertigt noch in der Schule eine Fotokopie an. Er vermeidet auf diese Weise nicht nur legastheniebedingte und für das Verständnis oft sehr folgenreiche Fehler, sondern lernt auch, wie man geordnet und übersichtlich schreibt, und hat damit dann auch gleich Anhaltspunkte für die weitere Ausarbeitung eines solchen Schriftstückes. Sicherlich ist auch Ihnen aufgefallen, daß Legastheniker große Schwierigkeiten mit der Raumaufteilung und der übersichtlichen Gliederung eines Blattes oder Textes haben. Nach meinen Erfahrungen läßt sich dies aber bis zu einem gewissen Grade lernen. Deshalb kann eine gute Vorlage außerordentlich nützlich sein, auch im Hinblick auf die Notengebung, denn immer – auch im eventuellen späteren Studium – wird einer klar gegliederten und räumlich gut aufgeteilten Arbeit der Vorzug gegeben.

Aufsätze: Solange noch Hausaufsätze geschrieben werden, sollte man die Gelegenheit nutzen. Anfangs kann man vorgehen, wie ich es im Abschnitt »Aufsätze« für den Grundschulbereich vorgestellt habe. Später wird die Schreibtätigkeit die Kinder nicht mehr so belasten, und doch wird man ihnen helfen müssen, manche Sätze zu vervollständigen und manchen Ausdruck zu verbessern.

Die Rechtschreibfehler habe ich stets stillschweigend berichtigt. Ich machte mit den Jahren die Erfahrung, daß meine Kinder auf Fehler in den mühsam erstellten Arbeiten mit starker Abneigung gegen das jeweilige Wort reagierten und schließlich vermieden, es zu benutzen. Da niemand gern jahrelang mit seinem Versagen konfrontiert wird, sollte man sie wirklich auf ihre Fehler nicht immer wieder aufmerksam machen.

Manche Kinder schreiben in dem Alter gern und auch gut mit der Schreibmaschine.

Wie ich die Korrektur von Schulaufsätzen behandelt habe, lesen Sie im Abschnitt »Aufsätze« für den Grundschulbereich (S. 64).

Lesen: Am Beginn der Sekundarstufe I muß noch oft in der Schule vorgelesen werden. Ich habe den Text erst einmal selber laut gelesen, damit die richtige Betonung schon mal leichter fällt. Meine Söhne schauten dabei mit ins Buch. Danach kann man die Kinder dann alleine lesen lassen. Schauen Sie aber genau hin! Der Legastheniker hat einen reichen Schatz an Phantasiewörtern. Falls das Buch Ihr Eigentum ist, können Sie mit Leuchtmarkern die schwierigen Wörter festhalten und öfters einmal üben.

Die spätere *Schullektüre* ist häufig ebenso mit Komplikationen verbunden, weil meist Klassenarbeiten folgen, die eine genaue Textkenntnis voraussetzen. Bevor meine Kinder sich vom

Freund den Inhalt erzählen ließen, las ich ihnen den geforderten Stoff lieber selber vor.

Oftmals lasen meine Kinder auch mir vor. Durch Nachfragen erfährt man schnell, wie genau sie gelesen haben und ob auch der Inhalt verstanden wurde. Dem genauen, aber immer noch langsamen Leser muß auch später gezeigt werden, wie man *überfliegend lesen* kann, wie man also Wortgruppen erfaßt anstelle von Einzelwörtern. Das geht am besten mit dem Leuchtmarker. Im Kapitel X habe ich beschrieben, wie sich dieses »überfliegende Lesen« spielerisch noch leichter lernen läßt.

Diktate: Meist weiß man vorher, welche Rechtschreibübungen oder Fremdwörter vorkommen werden. Ich kenne keinen besseren Weg, als sie intensiv zu üben. Vieles kann man *tabellarisch* ordnen. Das merkt sich der Legastheniker leichter. So könnte man z. B. in einer Tabelle alle Fremdwörter mit »Ch« notieren, und zwar in die eine Rubrik alle Wörter, bei denen das »Ch« als »K« gesprochen wird wie »Charakter, Chronist, Christ«, in die andere Rubrik daneben diejenigen Wörter, bei denen man das »Ch« auch als »Ch« spricht: »Chemie, Chirurg, China«.

In einer Tabelle lassen sich auch gut Beispiele für die Groß- und Kleinschreibung notieren: »zu Hause, zu Rate ziehen, zur Zeit« kommen in die eine Spalte, »zuleide tun, zustande bringen, zuwege bringen« in die andere Rubrik. Auf diese Weise übersichtlich geordnet, lernen sich diese Regelschwierigkeiten wie Vokabeln.

Auch *Karteikarten* für die verschiedenen Rechtschreibschwierigkeiten können nützlich sein. Auf einzelne solcher Karten gesammelt, lassen sich Regeln und Besonderheiten der Schreibweise leichter lernen, denn so kann man sie übersichtlicher ordnen, als es in den meisten Übungsbüchern der Fall ist. An einem Beispiel will ich das erklären: Auf eine Karteikarte schreibt man alle Wörter mit »a« (lang) wie »Dame, Bart, Gras« usw. Auf die nächste Karte kommen die Wörter mit »ah« wie »Fahne, Fahrt, Zahl« und auf die dritte Karteikarte die Wörter mit »aa« wie »Aal, Staat, Waage« usw.

Auch die *Fremdwörter* können mit dem Karteikartensystem gut gelernt werden. Beispiel: Wörter mit »y« wie »Rhythmus, Lyrik, Analyse« etc. kommen auf eine Karte, alle Wörter mit »Qu« wie »Quartett, Quader, Quelle« auf eine andere und auf eine dritte alle Fremdwörter, die auf »tion« enden: »Operation, Nation, Portion« usw.

Ebenso versucht man, »Eselsbrücken« zu bauen, wie ich es Ihnen an den folgenden Beispielen zeigen werde: »häßlich« kommt von »hassen«, »weiß« von »wissen«. Wenn das Kind die Grundform eines Wortes kennt, kann es auch über den Umlaut und das Doppel-s richtig entscheiden.

Oder: »verheimlicht« kommt von »verheimlichen« und »erledigt« von 'erledigen«. Man läßt also die Grundform des Zeitwortes suchen, damit die Kinder herausfinden, ob das Wort mit »icht« oder »igt« geschrieben wird.

Oder: durch »Verlängern« eines Wortes wie »herrlich – herrliche Ferien« und »sonnig – sonnige Länder« erfährt das Kind, ob ein Wort am Ende mit »ig« oder mit »ich« geschrieben wird.

Für alle »Eselsbrücken« eignet sich das beschriebene Karteikartensystem ebenfalls ganz ausgezeichnet.

Erwarten Sie nicht, daß diese für das Diktat intensiv geübten Wörter nun für immer »sitzen«. Sie müssen zu diesem Zweck in Abständen noch mehrfach aufgegriffen werden. Leider hat man dazu meistens keine Zeit, weil schon das nächste Diktat droht.

Bei der *Berichtigung von Diktaten* ist es zwecklos, jedes Fehlerwort dreimal oder den ganzen Satz noch einmal schreiben zu lassen. Sie produzieren nur neue Fehler! Der Lehrer Ihres Kindes wird hoffentlich ein Einsehen haben. Ich habe beim Verbessern noch einmal erklärt, warum das Fehlerwort anders geschrieben werden muß.

Auswendiglernen: Wir haben den betreffenden Text solange zusammen durchgelesen, bis es auswendig ging. Mit dem Schriftbild vor Augen lernt manches Kind es leichter, anderen gelingt es besser nur über das Gehör. Das müssen Sie ausprobieren.

Grammatikübungen: Legasthenikern mit ihrer Schwäche, Regeln auch richtig anzuwenden (Kapitel III), hilft man am besten, indem man den grammatikalischen Übungsstoff übersichtlich und mit Beispielsätzen tabellarisch ordnet. Erfahrene Deutschlehrer machen das auch so. Hausaufgaben sind mit vielen Satzbildungen verbunden. Ich habe mir – wie zu Grundschulzeiten – die Sätze diktieren lassen. Nur so kann das Kind sich auf das Wesentliche – nämlich die Grammatik – konzentrieren. Da man mit Legasthenikern die Grammatik stärker üben muß, habe ich mir für diese Übungen viel Zeit genommen und mir eine gute Grammatik und Übungsbücher angeschafft.

Unerläßlich ist der »*Schülerduden*« mit Rechtschreibung und Wortkunde für das 4.–7. Schuljahr. Auf jeden Fall ist er geeigneter als der normale »Duden«.

Als übersichtliche Grammatik kann ich empfehlen: »*Deutsche Kurzgrammatik*« von Schoebe im Oldenbourg-Verlag.

Mathematik: Auch wenn man die Mathematik in der Sekundarstufe nicht mehr beherrscht, kann man doch helfen, zumindest die legastheniebedingten Fehler herauszufinden. Man muß allerdings die Legasthenikertricks kennen. Lesen Sie darüber bitte nach im Kapitel III. Achten Sie also auf falsche bzw. nicht beachtete Vorzeichen, Richtungswechsel innerhalb von Kettenaufgaben, Vertauschen von Zähler und Nenner beim Bruchrechnen, Fehler beim einfachen Kopfrechnen, beim Einmaleins, beim Umrechnen in größere und kleinere Einheiten, Fehler beim Abschreiben, Verdrehen oder Weglassen von Zahlen, ungenaues Lesen der Textaufgaben. Es gibt genug Klippen, an denen ein Kind mit einer Rechenlegasthenie scheitern kann.

Sachbezogene Fächer: Mit meiner Hilfe in diesen Fächern verhielt ich mich anfangs noch so, wie ich es für den Grundschulbereich beschrieben habe. Später, als das Lesen leichter fiel, beherrschten meine Kinder die Technik des Herausschreibens von Stichwörtern so gut, daß sie alles allein bewältigen konnten. Auch umfangreiche Literatur zu ganz speziellen Themen bedeutet heute kein Problem mehr für sie, obwohl sie sich sicher immer mehr anstrengen müssen als Nicht-Legastheniker.

Fremdsprachen: Das größte Problem bereiten bei schweren Legasthenien die Fremdsprachen. Ich habe deshalb darüber ein Extrakapitel (IX) geschrieben. Dort können Sie auch erfahren, wie man die Hausaufgabenprobleme am besten lösen kann.

Wenn Sie dieses Kapitel gelesen haben, mag es Ihnen so vorkommen, als wenn Sie nichts anderes mehr tun könnten, als bei den Hausaufgaben zu helfen. Aber so ist es nicht! Es ist alles nur eine Frage der guten Einteilung und der gezielt eingesetzten Hilfen. Die meisten Kinder werden auch keine so ausführliche Hilfe nötig haben, wie ich es in diesem Kapitel beschrieben habe. *Die Zeit aber, die Sie Ihrem Kind bei den Hausaufgaben widmen, ist immer gewinnbringend und meines Erachtens sehr viel wichtiger als Förderkurse.*

IX. Die Fremdsprachenlegasthenie

1. Der Legastheniker und die Fremdsprachen

Glücklicherweise muß nicht jeder Legastheniker auch Probleme mit den Fremdsprachen bekommen. Leider aber passiert dies doch sehr häufig. Es geschieht sogar immer wieder, daß eine Legasthenie erst durch unerklärliche Schwierigkeiten in den Fremdsprachen »entdeckt« wird. Das erklärt sich leicht. Begabte Legastheniker können mit viel Fleiß jahrelang ihre Rechtschreibschwierigkeiten ausgleichen. Ihre körperlichen und geistigen Reserven sind aber ständig überbeansprucht gewesen. Mit der weiterführenden Schule und den vielen neuen Fächern, mit entsprechend vielen Lehrern und der Fremdsprache sind sie dann überfordert. *In den meisten Fällen verschlechtert sich auch für ein bis zwei Jahre die schon gebesserte Rechtschreibfähigkeit in Deutsch.* Das sollte aber keinesfalls ein Grund zur Beunruhigung sein, denn aufgrund allgemeiner Erfahrungen wird dieser Rückfall mit Sicherheit wieder aufgeholt werden.

Auch die zweite Fremdsprache kann wieder einen Schritt zurück in alte, überwunden geglaubte Fehler bedeuten. Sogar ein Auslandsaufenthalt brachte unseren Kindern in der 9. und 10. Klasse wieder einen kurzzeitigen Rückfall, obwohl sie während dieser Ferien nicht Englisch schreiben mußten.

Zu *Sprachferien* in ein fremdes Land sollte man Legastheniker deshalb erst schicken, wenn sich ihre Rechtschreibung einigermaßen stabilisiert hat. Das bedeutet für die schweren Fälle, daß sie frühestens dann ins Ausland sollten, wenn sie einen bestimmten Fehlerprozentsatz erreicht haben, der sich nicht ständig wieder erheblich verschlechtert, sobald sie müde oder krank sind.

Von Vorteil zumindest für die mündliche Beherrschung der Fremdsprache sind Auslandsaufenthalte aber ganz sicher.

In allen schweren Fällen wird man für zwei bis drei Jahre eine unter Umständen sehr schlechte Note in der Fremdsprache in Kauf nehmen müssen. Doch wenn diese Zeit durchgehalten wird, können auch schwerste Legastheniker hier gute Noten erzielen. Am ehesten ist dies allerdings zu erreichen, wenn die Rechtschreibung nicht gewertet wird. *Eine Fremdsprachenlegasthenie läßt sich bessern und bedeutet in keinem Fall, daß deshalb vom Besuch einer der allgemeinen Begabung entsprechenden weiterführenden Schule abgeraten werden muß..*

Die Diskussion darüber, welche Fremdsprache zuerst genommen werden sollte und welche ganz gemieden werden müßte, sind noch heftig. Meine Erfahrungen mit den eigenen Kindern und aus meiner Elternberatung lassen mich vermuten, daß Englisch als erste Fremdsprache noch am wenigsten schnell zur totalen Katastrophe führt. Gibt man Latein als erster Fremdsprache den Vorzug, so ergibt sich zwar der Vorteil der lautgetreuen Sprache. Aber die »legasthenischen Fallen« in Latein sind zu diesem frühen Zeitpunkt noch erheblich. Im allgemeinen sind Legastheniker beim Eintritt ins Gymnasium überfordert, wenn sie Regeln und Gesetzmäßigkeiten erkennen und anwenden sollen, wenn sie Wort- und Satzteilanalysen vornehmen müssen. Die Satzkonstruktionen sind anders als im Deutschen und schwerer als im Englischen. Der logische Aufbau der Sprache hat zwar Vorteile, doch erfordert gerade dieses logische Denken eine gute Konzentrationsfähigkeit, die Legastheniker zu Beginn der Sekundarstufe I meist noch nicht aufbringen können. Auch in Latein macht sich bemerkbar, daß bei Legasthenikern »Lesevermögen« und »Leseverständnis« *zwei* Vorgänge sind, die nicht miteinander verbunden werden können. Aus diesem Grunde und auch wegen mancher ungewohnter Buchstabenverbindungen im Lateinischen fällt selbst nach mehreren Jahren Latein dem Legastheniker das Lesen immer noch schwerer als anderen Kindern. Auch das Lernen der vielen bedeutungsvollen und leider so ähnlichen Kleinwörter (ac, at, aut, autem) erfordert Übung. Nicht zuletzt ist auch zu diesem Zeitpunkt die Gefahr noch zu groß, durch Verwechseln oder Auslassen nur eines einzigen Buchstabens ein ganz anderes Wort (aus »audire« wird »audere«) zu erhalten oder eine falsche Endung (aus »vident« wird »videt«) zu schreiben. Das gilt dann als Grammatikfehler, obwohl es ein legasthenischer ist. Aber das läßt sich eben sehr schlecht beweisen (höchstens mündlich). Zwei Jahre später ist fast immer dieses spezielle Problem mit der lateinischen Sprache nicht mehr so stark ausgeprägt.

Deshalb glaube ich, daß es besser ist, Latein erst als zweite Fremdsprache zu nehmen.

Leider gibt es auch keine gesicherten Erkenntnisse darüber, ob man Latein oder Französisch als zweiter Fremdsprache den Vorzug geben soll. Ich selber habe mit Französisch bisher kaum Erfahrungen, die anderer Eltern sprechen aber eher dafür, Latein zu wählen.

Meine letzten Erlebnisse auf dem Gebiet der Fremdsprachenlegasthenie haben mir gezeigt, daß sich alle Erkenntnisse, die man bisher gewonnen hat, als richtig erwiesen haben.

Unser jüngster Sohn hat jetzt in der 11. Klasse als 3. Fremdsprache zu Englisch und Latein Französisch genommen. Er wollte es unbedingt, und da er sowohl in Englisch als auch in Latein eine Zwei hat, habe ich trotz größter Bedenken schließlich zugestimmt. (In Englisch werden die Legastheniefehler nicht bewertet, in Latein machte er keine solchen Fehler mehr.) Aber die Katastrophe ließ nicht auf sich warten. In der ersten Vokabelarbeit waren von zehn Wörtern neun falsch geschrieben. Die Französischstunden strengen ihn unverhältnismäßig stark an, denn sie erfordern 45 Minuten höchste Konzentration. Das richtige Hören und Sprechen der französischen Laute fällt ihm sehr viel schwerer als der übrigen Klasse. Und die Rechtschreibung zu üben, scheint vollkommen zwecklos zu sein. Er kann sie sich nicht merken. Würden wir nun verstärkt und intensiv die Schreibweise der Vokabeln trainieren, wäre die Katastrophe bald perfekt. Die mühsam erarbeiteten Rechtschreibfähigkeiten in Deutsch, Englisch und Latein gerieten mit Sicherheit wieder ins Wanken. Ich konnte genau beobachten, wie unser Sohn, während er sich konzentriert um die Schreibweise der französischen Vokabeln bemühte, zunehmend unsicherer wurde. Auch die Grammatik ist schon mitbetroffen, denn wenn er den Infinitiv eines Verbs nicht schreiben kann, weiß er auch nicht, welche Endung beim Konjugieren verlangt wird.

So entwickelte ich mit der sehr verständnisvollen Französischlehrerin, die unseren Sohn aus früheren Lateinjahren gut kennt, ein »Notprogramm«. Unser Sohn wird Französisch weiterlernen, so lange ihn die Schulstunden und Hausaufgaben nicht zu sehr belasten. Auch die Klassenarbeiten will er regulär mitschreiben, da er von Ausnahmen und Rücksicht nichts mehr wissen will. Er wird aber auf das Üben der richtigen Schreibweise verzichten. Daß er auf diese Weise mit der Französischnote im Zeugnis keine Lorbeeren erringen kann, ist ihm klar. Aber die Zensur ist ihm nicht wichtig. Er will die Sprache lernen, will nicht aufgeben, denn der Schock über den erneuten Beweis seiner Legasthenie hat ihn (und auch mich) heftig getroffen. Schon vergessene angstvolle Situationen wurden wieder lebendig. Das Fazit aus unserem französischen Abenteuer für Eltern von schwer legasthenischen Kindern ist klar: Nur sehr willensstarken und sprachlich begabten Kindern ist diese Belastung zuzumuten.

Wie es bei unserem Sohn weitergehen wird, vermag ich noch nicht zu sagen. Nach meinen Erfahrungen aber könnte ich mir denken, daß er es innerhalb eines Jahres schafft, sich in die klanglichen Feinheiten der Sprache hineinzuhören. Die einigermaßen zufriedenstellende Beherrschung der Rechtschreibung wird mit Sicherheit sehr viel schwieriger werden als in Englisch. Um sein Abitur nicht zu gefährden, denn da werden alle Rechtschreibfehler bewertet, müßte er auf schriftliche Übungen weiterhin verzichten.

2. Wie sieht eine Fremdsprachenlegasthenie aus?

Das Schema, in das sich die Fremdsprachenlegasthenie einordnen läßt, ist das gleiche wie in der Muttersprache. Im Kapitel III habe ich es ausführlich beschrieben. Im fremdsprachlichen Bereich verursacht Legasthenie folgende Schwierigkeiten:

a) beim akustischen Erfassen der Sprache,
b) beim visuellen Erfassen und Speichern der Sprache,
c) beim Lesen,
d) mit der Raumlage und den dadurch bedingten Problemen der willkürlichen Reihungen.

3. Legastheniebedingte Fehler am Beispiel der englischen Sprache

Ein bisher nicht bewältigtes Problem bedeutet die Entscheidung, welche Fehler auf die Legasthenie zurückzuführen sind und nicht etwa auf ungenügendes Üben oder mangelnde sprachliche Fähigkeiten. Um hier etwas Klarheit zu schaffen, habe ich versucht, den Ursprung der Fehler mit Hilfe des für die Legasthenie aufgestellten Erscheinungsbildes zu ermitteln. Ich habe ca. 50 Klassenarbeiten in Englisch aus fast ganz Deutschland ausgewertet. Dabei bin ich zu den Ergebnissen gekommen, die ich im folgenden Abschnitt erklären will.

a) Fehler bedingt durch die akustische Erfassungsschwäche:

1. lautgetreue Schreibweise:
   coght (caught)
   etan   (eaten)
   colam (column)
   ran   (run)
   came   (come)

Daß Legastheniker anfangs so schreiben, wie sie die Wörter hören, ist einleuchtend. Daraus können sich aber scheinbare Grammatikfehler entwickeln wie im Fall von »ran« und »came«: Der Legastheniker soll »run« im Präsens schreiben, hört das »a« im Wort und schreibt lautgetreu »ran«. So entsteht – legastheniebedingt – eine falsche Zeit. Der Fehler wird als »Grammatikfehler« eingestuft, obwohl er keiner ist.

2. ähnliche Wörter verwechseln – auch teilweise visuell bedingt
   – insbesondere Pronomen und Präpositionen:
   think   thing
   back   bag
   write   right   ride
   to   two   too
   there   their   where
   while   why
   what   that
   my   why

Das Verwechseln von »there« mit »their« und umgekehrt ist nur ein scheinbarer Grammatikfehler. Der Legastheniker kennt genau den Satzinhalt, nur steht ihm das erforderliche Wortbild für »dort« oder »ihre« nicht zur Verfügung.

3. ausgeprägte akustische Differenzierungsschwäche – auch visuell bedingt:
   where   their
   it   did
   brought   bought
   feed   fed
   my   why
   »runing«   (running)
   »comming« (coming)

Alle diese oben genannten Fehler entstehen, weil ein Legasthe-nie-Kind in der Tat den klanglichen Unterschied der Wörter nicht hört. Auch überdeutliches Vorsprechen der Unterschiede zwischen »th« und »w« bringen zunächst keinen Erfolg.

Legastheniker hören auch nicht, daß »run« und »put« kurz gesprochen, der Mitlaut also verdoppelt werden müßte bei der Verlaufsform (vergl. »kan« und »komen« im Deutschen).

Bei »coming« wird der stumme Endvokal nicht beachtet, solange das Schriftbild noch nicht genau gespeichert ist.

4. Deutungsschwäche von Konsonanten und Vokalen:
   storys   (stories)
   trys   (tries)
   plais   (plays)
   a elephant (an elephant)

Auch in der Muttersprache haben Legastheniker Probleme zwischen Konsonanten und Vokalen zu unterscheiden. In der Fremdsprache ist die Verwirrung dann komplett, zumal das Anwenden der Regeln ihnen zusätzlich Schwierigkeiten be-reitet (Kap. III).

b) Fehler, bedingt durch die visuellen Wahrnehmungs- und Speicherschwächen

1. Unfähigkeit der Wortbildspeicherung:
   whife (with)
   stadu (statue)

Diese Fehler verschwinden mit zunehmender Übung voll-kommen.

2. Buchstaben vertauschen:
   childern (children)
   peopel   (people)
   fuor   (four)
   tow   (two)
   lovley   (lovely)

Auch »lovley« ist nur scheinbar ein Vokabelfehler. Es handelt sich hier lediglich um das Vertauschen von Buchstaben bei noch ungenügender Speicherung der Endsilbe »ly«.

3. Buchstaben verwechseln:

is	(it)	
childres	(children)	
lose	losed (lost)	lost
sea (see)	saw	sean (seen)
hear	heart oder heared (heard)	heard

Wie im Deutschen aus dem Verwechseln von »dem« mit »den« Grammatikfehler resultieren, so führt auch hier das Verwechseln von Buchstaben zum Entstehen von scheinbaren Grammatikfehlern.

4. Buchstaben auslassen oder hinzufügen:

cam	(came)
an	(and)
gong	(going)
raning	(raining)
hase	(has)

The cottage is (a) little house.

Der Satz »The cottage is little house« wird sich in ähnlicher Form immer wieder noch jahrelang finden. Beim Vorlesen dieses Satzes würde das legasthene Kind das fehlende »a« selbstverständlich mitlesen, denn es würde ihm gar nicht auffallen, daß es beim Schreiben vergessen wurde.

5. Verwechslung der »s«-Möglichkeiten, verbunden mit Apostroph-Problemen (siehe auch Abs. d,1):

Genitiv-s:	Toms' (Tom's) book
Plural-s:	parent (parents)
	cars' (cars)
3. Person Sing.-s:	doe's (does)

Die vielen »s«-Regeln sind für das Legasthenie-Kind stets verwirrend. Kommt noch das Apostroph hinzu, das ihnen seiner »Lage« wegen zusätzliche Probleme bereitet (vergl. d,1), wird das Ganze unüberschaubar. Häufig entstehen auch deshalb Schwierigkeiten, weil das »s« weder visuell noch akustisch eindeutig vom Legastheniker wahrgenommen werden kann.

6. Fehler bei den Präpositionen, Konjunktionen und Pronomen wegen ähnlicher Schreibweisen:
where – which – what – why – while – with – whom – who – whose – when

c) Fehler bedingt durch die Leseschwäche

1. falsch verstandene Arbeitsanweisung aufgrund von Lesefehlern,
2. Übersetzungsfehler durch ungenaues Lesen,
3. wiederum scheinbare Grammatikfehler, wenn durch ungenaues Lesen Zeitformen verändert wurden – ein Fehler, der jahrelang schwerwiegende Folgen hat.

d) Fehler, bedingt durch die Raum-Lage-Schwäche und das damit verbundene Problem der »Willkürlichen Reihungen«

1. Richtungs- und Lageprobleme, Verwechslung besonders der räumlichen Präpositionen:
   Apostroph: 'Iam (I'm)
                   dont' (don't)
   Präpositionen: at – in –
                   into – on – to –
                   behind – in front of –
                   under – after –
                   for – by – before –
                   behind – down –
                   up – off – of –
                   from – over –
                   right – left

2. »Willkürliche« Reihenfolge der unregelmäßigen Verben:
   shake – shaken – shook
   (shake – shook – shaken)
   »Willkürliche« Reihenfolge der Pronomen:
   The children met your (their) friends

Man erreicht zwar mit der Zeit und mit viel Mühe, daß beispielsweise unregelmäßige Verben in der richtigen Reihenfolge erlernt werden können, doch unterbricht man den automatisierten Prozeß, kommt es zu Fehlleistungen. Soll also zu »shook« die Präsensform gefunden werden, kommt es zu ebensolchen Schwierigkeiten wie beim Reproduzieren des Alphabetes.
Ich füge noch eine kurzgefaßte Fehlerzusammenstellung von M. Critchley (1964) an, die er für das Lesen und Schreiben aufstellte und die ich dem Informationsorgan des Bundesverbandes Legasthenie Heft 3/1980 entnommen habe. Diese

Fehlergruppierung bedeutete für mich die Bestätigung dessen, was auch ich gefunden hatte.

Folgende Hauptgruppen an *Lesefehlern* seien ihr entnommen:

– Unfähigkeit, ein unbekanntes Wort auszusprechen mit der Tendenz, die Aussprache zu erraten;
– Unfähigkeit, akusto-sprechmotorische Gleichheiten oder Unterschiede zwischen zwei Wörtern zu erkennen;
– Schwierigkeiten der Fixierung der jeweiligen Lesestelle, auch bei Zeilenübergängen;
– Versagen im sinnvollen Lesen;
– Unkorrektes Aussprechen von Vokalen oder Konsonanten;
– Raumverlagerungen einzelner Buchstaben, Wörter oder Wortgruppen;
– Auslassungen von Lauten und Wörtern;
– Hinzufügen von Lauten und Wörtern;
– Ersatz von Wörtern.

An wichtigsten *Rechtschreibfehlern* dürfen der Aufstellung von Critchley entnommen werden:

– Auslassungen von Wörtern und Buchstaben;
– Raumverlagerungen bei Buchstaben (d–b, p–q) oder Wörtern (ton–not);
– Einfügungen von Großbuchstaben in der Wortmitte;
– nur sporadische Zeichensetzung;
– viele Falschschreibungen (misspellings);
– Verstöße gegen das Zusammenschreiben von Wörtern und Buchstaben.

Abschließend möchte ich zu der schwierigen Beurteilung legastheniebedingter Fehler noch einige Überlegungen aufzählen, die mögliche Entscheidungsschwierigkeiten erleichtern könnten.

Ein Legastheniker macht vermutlich dieselben Fehler wie andere Schüler auch. Doch drei Dinge sollten dabei nicht übersehen werden:

1. Ein Legastheniker macht diese Fehler in weit größerer Anzahl.
2. Ein Legastheniker braucht Jahre länger als andere Kinder, um aus seinen Fehlern zu lernen, sie selber zu finden und zu korrigieren.
3. Ein Legastheniker verbraucht ein Mehrfaches an Konzen-

tration, denn bei allen Wörtern, die ihm Schwierigkeiten bereiten, muß er stets erneut überlegen und erneut entscheiden, ganz gleich, wie häufig dieses Wort auch vorkommen mag. Dies erklärt die vielfach innerhalb kürzester Abstände unterschiedliche Schreibweise desselben Wortes. Seine »legasthenischen Schwachstellen« sind überfordert, die Fehler häufen sich.

Außerdem:
1. Der Legastheniker ist bei einer Klassenarbeit weitaus stärker belastet als seine Klassengefährten.
2. Wenn sich ein Legastheniker trotz seiner fortbestehenden Rechtschreibschwäche in einer weiterführenden Schule halten kann, so spricht dies für eine über dem Durchschnitt liegende Intelligenz. Er wäre sonst den Anforderungen, die Legasthenie und Schule über so viele Jahre an ihn stellen, nicht gewachsen gewesen.
   Es erscheint also nicht gerechtfertigt, solchermaßen begabte Kinder an ihren Rechtschreibfehlern scheitern zu lassen.
3. Ein noch nicht vollkommen frustrierter Legastheniker wird mündlich stets besser sein als schriftlich. *Die meisten Legastheineerlasse berücksichtigen deshalb auch die stärkere Gewichtung der mündlichen Note.*

Dies alles mögen Pädagogen bedenken, die sich um eine allen Kindern gerecht werdende Beurteilung bemühen.

4. Hilfen für Fremdsprachenlegastheniker

Unsere beiden Kinder waren so schwer von der Fremdsprachenlegasthenie betroffen, daß ich ungewöhnliche Wege gehen mußte, um ihnen helfen zu können. Mit dem »Mut der Verzweiflung« probierte ich damals manches aus, was die Pädagogen nicht gutheißen konnten. Heute weiß ich, daß es trotzdem richtig war. Die Kinder haben jetzt gute Noten, die Fremdsprachen machen ihnen Freude.
Anfangs legte ich den Schwerpunkt meiner Arbeit auf die *mündliche Mitarbeit* der Kinder, denn für Rechtschreibübungen waren sie zu diesem Zeitpunkt einfach viel zu überfordert. So haben wir zunächst immer den *Schulstundeninhalt* noch einmal durchgesprochen. Unsere Kinder hatten so gut wie

nichts verstanden, besonders bei den Lehrern, die überwiegend Englisch sprachen.

Um das *neue Kapitel* im Buch zu erarbeiten, schauten wir uns zuerst die Vokabeln mit der deutschen Übersetzung nur gründlich an. Dann übersetzte ich den Text Wort für Wort. Dies war sicher nicht im Sinne der Pädagogen, aber meine Kinder hätten sonst vom Inhalt überhaupt nichts verstanden. Zuviele Anforderungen wurden an sie auf einmal gestellt: genaues Lesen, richtig betonen, Verstehen der Vokabeln und schließlich noch des gesamten Inhaltes.

Dann las ich ihnen das zu erarbeitende Stück vor. Das ist der richtigen Aussprache wegen sehr wichtig. Die Kinder lasen still mit. Danach las ich mit ihnen zusammen, und erst dann ließ ich sie alleine lesen. Dabei habe ich sorgfältig auf die Aussprache geachtet. Diese ständige Korrektur ist leider notwendig. Man muß das den Kindern erklären. *Eine schlechte Aussprache kann eben wirklich alle Mühe zunichte machen.*

Ganz einfache *Fragen zum Text,* auf die der Legastheniker anfangs nur mit einem Wort, später mit einem kleinen Satz antwortet, sind sehr wichtig, um die mündliche Beherrschung der Sprache zu trainieren.

Einer unserer Söhne konnte sehr leicht auswendig lernen. So behielt er das behandelte Stück sehr schnell und war dadurch bei Sprechübungen und Klassenarbeiten im Vorteil. Das Auswendiglernen fördert zwar nicht gerade das selbständige Formulieren, aber das kann man von Legasthenikern anfangs sowieso noch nicht erwarten. So war uns jedes Mittel recht, wenn dadurch die Möglichkeit bestand, wenigstens ab und an einmal zu einer guten Note zu kommen.

Viel geholfen haben uns die *Kassetten* zum Buch. Das Anhören des inzwischen geläufig geübten Textes (anfangs mit dem Buch zum Mitlesen) brachte ein besseres »Hineinhören« in die fremde Sprache und schließlich auch Erfolgserlebnisse. Nun verstanden sie alles, was ihnen in der Schule völlig unklar geblieben war. Auch für das von Legasthenikern sehr gefürchtete Sprachlabor ist eine solche Übung außerordentlich wichtig.

Die *neuen Vokabeln* und auch solche, die bei meinen Kindern noch nicht »saßen«, habe ich in ein großformatiges Vokabelheft geschrieben. Ich ließ die Kinder nicht selber schreiben, um Fehler und undeutliches Gekritzel zu vermeiden. Sie sollten stets ein deutliches Schriftbild vor Augen haben. Meine Kinder waren auch so an meine Handschrift gewöhnt, daß sie danach lieber lernten als aus dem Buch.

In die rechte Seite des Vokabelheftes kam die deutsche Übersetzung, jedoch niemals ein englischer Satz als Erklärung! Das überfordert in den ersten Jahren die Kinder vollkommen. *Vokabeln zu lernen bedeutet für Legastheniker Schwerstarbeit.* Sie brauchen ein Mehrfaches an Zeit als die Klassenkameraden. Es ist absolut zwecklos, gleiche Leistungen zu erwarten. Ich übte jeden Tag *mündlich* Vokabeln, aber anfangs nicht mehr als drei bis höchstens fünf Wörter und immer nur Englisch-Deutsch. *Ich riskierte ganz bewußt, daß die Kinder bei einer Vokabelarbeit noch nicht alle Wörter beherrschten.* Für mich war es wichtiger, daß sie vier Vokabeln sicher wußten, als zehn nur ungenügend. Der Lehrer war natürlich über mein Vorgehen informiert, und auch den Kindern habe ich die Notwendigkeit dieser Maßnahme erklärt.

Ebenso bewußt verzichtete ich anfangs auf das Üben der Schreibweise der Vokabeln. Nur mit leichten Kurzwörtern versuchte ich es. Die Verwirrung im muttersprachlichen Bereich war auch so schon groß genug. Deshalb vermied ich in der ersten Zeit konsequent auch alle jene Wörter, die für meine Kinder unbekannte Buchstabenverbindungen wie »gh – ght – ue – ea – wn« etc. enthielten.

Später fiel es ihnen dann vergleichsweise sehr viel leichter, die Rechtschreibung zu üben. Um die *Schreibweise eines Wortes* zu erlernen, ließ ich meine Kinder die Vokabeln laut lesen und gründlich anschauen. Dann schrieben sie möglichst auswendig das Wort auf, wobei sie laut die Buchstabenfolge ansagten. So konnte ich bei einem Fehler sofort eingreifen, also noch bevor sie ihn niedergeschrieben hatten. *Einen Fehler zu verhindern ist wichtiger, als ihn zu verbessern.*

Der letzte Schritt war dann das Abfragen der Vokabeln und das möglichst auswendige Aufschreiben, wobei die Kinder mir wieder die Buchstabenfolge ansagten.

»Extra-Tip« für Lehrer-Sprechstunden: Eine Mutter erzählte mir, daß sie die Zettel, auf denen ihr Sohn die Rechtschreibung der Vokabeln übte, stets aufhob, um sie bei nächster Gelegenheit dem Englisch-Lehrer zu zeigen. Damit konnte sie eindeutig belegen, wie intensiv ihr Sohn gelernt hatte, und daß das schlechte Ergebnis der Vokabelarbeit ganz sicher nicht auf mangelnden häuslichen Fleiß zurückzuführen war.

Das *Vokabellernen* legte ich aber stets auf einen anderen

Zeitpunkt als die übrigen englischen Hausaufgaben. Es wäre sonst für meine Kinder nicht zu schaffen gewesen.

Die Übungen meist *grammatischer Art* mit dem Schreiben vieler Sätze habe ich ihnen erleichtert. Wir übten mündlich alles gründlich, schrieben eventuell zwei bis drei Sätze oder nur das einzusetzende Wort. Unter die Arbeit kam dann, wie im Kapitel VIII beschrieben, meine Unterschrift und die für das Üben benötigte Zeit.

Heute kann ich mir die extreme Mühe und den enormen Zeitaufwand für die Hausaufgaben in Englisch kaum noch vorstellen. Und doch ging es damals nicht anders. Und sicher war es richtig gewesen, die Grundlagen der fremden Sprache so genau zu erarbeiten.

Noch ein Wort zur *Grammatik*. Wir haben sie immer intensiv geübt, denn Legastheniker haben ja ihre Schwierigkeiten damit, wie ich im Kapitel III beschrieben habe. Da meine Kenntnisse der englischen Sprache nicht großartig waren, schaffte ich mir zur Unterstützung eine Menge guter Grammatiken an.

»Langenscheidt's Kurzgrammatik« hat übersichtlich und tabellarisch das Nötigste geordnet.

Ausführlicher steht es in dem Buch: *»Grundzüge der englischen Grammatik«* im Klett Verlag. Auch hier ist alles übersichtlich gebracht.

Ich persönlich fand die ähnlich aufgebaute *»Englische Grundgrammatik«* von *Ungerer/Pasch* im Klett Verlag noch ansprechender. Vergleichen Sie am besten in der Buchhandlung, welche Grammatik Ihnen mehr liegt.

Eine sehr ausführliche und sehr gute Grammatik, auch ganz klar tabellarisch gegliedert ist: *»The english companion's modern grammar«* von *Röhr-Bartels* im Diesterweg Verlag.

Auch das in übersichtlichen Tabellen geordnete Heft: *»Langenscheidt's Verbtabellen Englisch«* ist für Legastheniker zu empfehlen.

Spätestens im 9. Schuljahr bemerkt man Lücken im *Grundwortschatz,* denn bei Legasthenikern beobachtet man immer wieder eine Schwäche des akustischen und visuellen Langzeitgedächtnisses (E. Klasen 1978). Auch gut gelernte Vokabeln können nach einigen Monaten wie »ausgelöscht« sein. Dies betrifft besonders auch diejenigen Wörter, die in der belastenden Anfangszeit gelernt wurden. Das sind stets wieder besonders deprimierende Erfahrungen, die unsere Kinder machen müssen. Es ist aber immer noch Zeit genug, diese Lücken zu schließen. Das geht jetzt leichter, da in diesem Alter die größten legasthenischen Schwierigkeiten überstanden sind.

Mit dem *Vokabelkarteikasten* von Klett lassen sich die Vokabeln ausgezeichnet lernen. Der Kasten ist zwar teurer als das Buch »Grundwortschatz«, hat aber den unschätzbaren Vorteil, daß die Wörter nicht alphabetisch gelernt werden müssen. *Man muß bei Legasthenikern unter allen Umständen vermeiden, daß ähnlich klingende Wörter hintereinander gelernt werden, sonst verwechseln sie alles!* Mit der ausgezeichneten Arbeitsanleitung von Frederic *Vester* zu diesem Vokabelkasten macht das Lernen vielleicht sogar Spaß.

In den ersten Englischjahren übte ich ab und zu mit den *LÜK-Heften* aus dem Vogel-Verlag. Ich nahm nur die Hefte, also ohne Kasten und Plättchen, und übte im wesentlichen nur mündlich, oder ich ließ höchstens einmal einen Buchstaben einsetzen bzw. die betreffenden Kästchen und Sätze an- oder ausstreichen. So wurden die Kinder nicht durch mühsame Schreibarbeit belastet und waren eher bereit für diese zusätzlichen Übungen. Erarbeiten Sie aber immer nur eine Seite bzw. ein Kapitel und wiederholen Sie alles nach ein paar Tagen, ehe Sie mit einem neuen Abschnitt beginnen.

Es gibt die Hefte: Mini-LÜK Englisch für Anfänger, Englisch Frühbeginn, Englisch 1, Englisch 2, Englisch 3.

Für die Übungen mit dem Wortschatz, der Rechtschreibung und der Grammatik fand ich die *Manz-Lernhilfen* aus dem Manz-Verlag sehr geeignet. Ich benutze die Bücher: »Englisch 5. Klasse«, ebenso »Englisch 6. Klasse« und »Englisch Mittelstufe«. Allerdings nahm ich diese Bücher erst in der 9. und 10. Klasse. Sie sind für Legastheniker sonst zu schwer. Und auch in höheren Klassen läßt sich der Übungsstoff noch gut damit wiederholen. Jedes Buch enthält die Lösungen der Aufgaben, so daß auch Eltern, die die Sprache nicht so gut beherrschen, diese Übungen ausführen können.

Auch mit einem *audiovisuellen Programm* können Sie erfolgreich arbeiten. Ich habe mir verschiedene Programme angesehen und fand das von *Dr. Rothfuß*, Legasthenie-Institut Stuttgart-Leinfelden, am besten. Ungefähr ein Jahr lang habe ich damit gearbeitet. Dr. Rothfuß verfügt über jahrelange Erfahrungen auf dem Gebiet der Fremdsprachenlegasthenie.

5. Wie Legastheniker die unregelmäßigen Verben im Englischen besser lernen können

Zum Schluß möchte ich Ihnen noch darstellen, wie ich mit meinen Kindern die unregelmäßigen Verben gelernt habe. Ich habe diese Wörter, wie Sie aus der nachfolgenden Tabelle entnehmen können, nach Gleichheitsgesichtspunkten geordnet. Auf diese Weise erhalten sie einen gewissen logischen Sinn und eine Ordnung, die das Lernen leichter und überschaubarer macht. Ich schrieb die Verben mit großer Handschrift auf DIN-A-4-Bögen im Querformat, malte besondere Schwierigkeiten in der Rechtschreibung mit Leuchtmarkern an und vervollständigte sie mit den jeweils neu gelernten Verben. Die Bögen tat ich in verschiedene Klarsichthüllen. So lagen sie stets griffbereit auf dem Schreibtisch der Kinder und konnten immer wieder in kleinen »Dosierungen« schnell zwischendurch wiederholt werden.

Ich möchte betonen, daß diese Zusammenstellung nicht nach sprachwissenschaftlichen Erkenntnissen erfolgte, sondern nur aufgrund meiner Erfahrungen in dem jahrelangen Kampf mit der Fremdsprachenlegasthenie. Mit dieser Methode sind für unsere Kinder die unregelmäßigen Verben jedenfalls nicht zum Problem geworden.

Diese Tabelle enthält aus Platzgründen nur die gebräuchlichsten irregulären Verben. Klingen Ihnen manche Vokabeln zu ähnlich, wie z. B. bei »creep« und »keep«, dann ändern Sie die Reihenfolge. Beim kontinuierlichen Notieren der neu zu lernenden Verben wird sich ohnehin in den einzelnen Rubriken eine andere Reihung ergeben. Am besten teilen Sie auch in diesem Fall dem Lehrer Ihres Kindes mit, warum der Legastheniker unregelmäßige Verben mit zu großen Ähnlichkeiten nur auf einen längeren Zeitraum verteilt lernen und behalten kann (vgl. meine Ausführungen über die Fehler beim Erlernen der englischen Sprache auf S. 76 ff und 85).

(Hinweis: Ein Spiel, mit dem sich die unregelmäßigen Verben gut üben lassen, habe ich im Kapitel X beschrieben.)

Die unregelmäßigen Verben im Englischen

Gruppe 1:

bring	brought	brought	= bringen
buy	bought	bought	= kaufen

think	thought	thought	= denken
fight	fought	fought	= fechten
teach	taught	taught	= lehren
catch	caught	caught	= fangen

Gruppe 2:

blow	blew	blown	= blasen
fley	flew	flown	= fliegen
grow	grew	grown	= wachsen
know	knew	known	= kennen,
			= wissen
throw	threw	thrown	= werfen
draw	drew	drawn	= zeichnen

Gruppe 3:

stink	stank	stunk	= stinken
sink	sank	sunk	= sinken
ring	rang	rung	= läuten
drink	drank	drunk	= trinken
run	ran	run	= laufen
sing	sang	sung	= singen
spring	sprang	sprung	= springen
swim	swam	swum	= schwimmen
begin	began	begun	= anfangen

Gruppe 4:

| become | became | become | = werden |
| come | came | come | = kommen |

Gruppe 5:

break	broke	broken	= brechen
forget	forgot	forgotten	= vergessen
speak	spoke	spoken	= sprechen
wake	woke	woken	= wachen
steal	stole	stolen	= stehlen
weave	wove	woven	= weben
drive	drove	driven	= fahren
ride	rode	ridden	= reiten
write	wrote	written	= schreiben
overtake	overtook	overtaken	= übernehmen
shake	shook	shaken	= schütteln
take	took	taken	= nehmen

hide	hid	hidden	= verstecken
bite	bit	bitten	= beißen
give	gave	given	= geben
forgive	forgave	forgiven	= vergeben
fell	fall	fallen	= fallen
eat	ate	eaten	= essen

Gruppe 6:   *alle drei Formen sind gleich*

read	read	read	= lesen
bet	bet	bet	= wetten
let	let	let	= lassen
set	set	set	= setzen, stellen
burst	burst	burst	= bersten
cut	cut	cut	= schneiden
put	put	put	= setzen, stellen, legen
shut	shut	shut	= schließen
hurt	hurt	hurt	= verletzen
hit	hit	hit	= schlagen
split	split	split	= spalten
cost	cost	cost	= kosten

Gruppe 7:   *zweite und dritte Form sind gleich*

grind	ground	ground	= mahlen
find	found	found	= finden
bind	bound	bound	= binden
make	made	made	= machen
have	had	had	= haben
sit	sat	sat	= sitzen
pay	paid	paid	= zahlen
lay	laid	laid	= legen
mean	meant	meant	= meinen
learn	learnt	learnt	= lernen
hear	heard	heard	= hören
dream	dreamt	dreamt	= träumen
deal	dealt	dealt	= handeln
build	built	built	= bauen

hang	hung	hung	= hängen
stick	stuck	stuck	= stecken
strike	struck	struck	= schlagen
dig	dug	dug	= graben
tell	told	told	= sagen
win	won	won	= gewinnen
shoot	shot	shot	= schießen
shine	shone	shone	= scheinen
sell	sold	sold	= verkaufen
lose	lost	lost	= verlieren
understand	anderstood	unterstood	= verstehen
stand	stood	stood	= stehen
keep	kept	kept	= halten
creep	crept	crept	= kriechen
sleep	slept	slept	= schlafen
sweep	swept	swept	= fegen
spend	spent	spent	= verbringen
spell	spelt	spelt	= buchstabieren
smell	smelt	smelt	= riechen
send	sent	sent	= senden
meet	met	met	= treffen
lend	lent	lent	= leihen
leave	left	left	= (ver) lassen
feel	felt	felt	= fühlen
weep	wept	wept	= weinen
lead	led	led	= führen
hold	held	held	= halten
feed	fed	fed	= füttern
flee	fled	fled	= fliehen

Gruppe 8:

lie	lay	lain	= liegen
tear	tore	torn	= zerreißen
wear	wore	worn	= (an sich) tragen
swear	swore	sworn	= schwören
saw	sawed	sawn	= sägen
sow	sowed	sown	= nähen
show	showed	shown	= zeigen

X. Was können Eltern tun, wenn sie die Legastheniebehandlung ihres Kindes selber übernehmen wollen?

In vielen Fällen werden schulische Fördermaßnahmen leider gar nicht angeboten. Bei einer schweren Legasthenie reichen sie meist auch nicht aus. Außerschulische Förderung aber kostet viel Geld. Aus diesen und noch einigen anderen Gründen entschließen sich manche Eltern, die Legastheniebehandlung ihres Kindes selbst zu übernehmen.

1. Welche Vorbildung muß man haben?

Man braucht keine besondere schulische oder berufliche Ausbildung oder gar ein Studium. Ich hatte das auch nicht. Und alle Eltern, die sich in den Jahren meiner Beratungstätigkeit entschlossen, ihre Kinder selber zu behandeln, besaßen ebenfalls keine besondere Ausbildung dafür. Rückblickend bin ich sogar froh darüber, daß ich völlig unbelastet an die Arbeit ging. Ich kannte damals die vielen widersprüchlichen Abhandlungen über die ständig wechselnden Methoden noch nicht, sondern ließ mich beraten von einer Lehrerin, die über jahrelange praktische Erfahrungen in der Legasthenieförderung verfügte. Und immer waren es diejenigen, die in der Praxis mit Legasthenikern zu tun hatten, die mir auf Kongressen und Tagungen des Bundesverbandes entscheidende Tips geben konnten.

2. Welche Methode soll bevorzugt werden?

Auch das ist bis heute ungeklärt. Sicher ist nur, daß die ausschlaggebende Rolle nicht irgendeine bestimmte Methode spielt, sondern die Intensität des Bemühens um das legasthene Kind.

3. Welche Anforderungen werden dabei an die Eltern gestellt?

Wer sein Kind selbst behandeln will, muß sich darüber klar sein, daß dies ein jahrelanger Prozeß sein kann.
Man braucht sehr, sehr viel *Geduld,* die Fähigkeit, warten zu können auf minimale Fortschritte und bei Rückschlägen nicht enttäuscht zu sein. *Es ist unerläßlich, daß man über eine positive Lebenseinstellung verfügt.*
Und natürlich muß man Zeit haben.
Ich mußte mich auf jede Stunde, die ich meinen Kindern gab, auch eine Stunde vorbereiten. So wurde die Legasthenie meiner Kinder für mich zum »hobby«. Die Anforderungen, die an mich gestellt wurden, begannen mir Spaß zu machen. Trotzdem – und das will ich nicht verschweigen – war ich durch den ganzen Komplex dieser schweren Legasthenien körperlich und seelisch bis an die Grenzen meiner Leistungsfähigkeit gebracht worden. Letztlich aber haben sich alle Mühe und aller Verzicht in so hohem Maße gelohnt, daß ich immer wieder dankbar bin, in der glücklichen Lage gewesen zu sein, meinen Kindern helfen zu können.

4. Was ist grundsätzlich bei der Förderung zu beachten?

a) Eine erfolgreiche Behandlung der Legasthenie ist nur möglich, wenn gleichzeitig eine möglichst weitgehende Entlastung von den Hausaufgaben erfolgt. Im Kapitel VIII habe ich beschrieben, wie man den Kindern wirksam dabei helfen kann.
b) Lesen Sie sämtliche Kapitel dieses Buches sorgfältig. Sie müssen über alles informiert sein, ehe Sie mit dem Förderprogramm beginnen.
c) Arbeiten Sie regelmäßig jeden Tag, aber *nie* am Sonntag und in den Ferien!
d) Beginnen Sie mit 20 Minuten. Länger als eine Stunde täglich sollte auch bei älteren Kindern und schweren Legastenien das Förderprogramm nie gehen.
e) Machen Sie Ausnahmen, wenn Ihr Kind sehr müde und abgespannt ist, wenn besondere Ereignisse (Einladung, erster Schnee, ein heißer Sommertag etc.) die Konzentrations- und Arbeitsbereitschaft von vornherein belasten.
f) Schalten Sie genügend Pausen ins Programm.

g) Arbeiten Sie abwechslungsreich mit den verschiedenen Materialien. *Nur ein einziges Arbeitsmittel einzusetzen ist zwecklos,* weil es in Kürze langweilig würde und auch nie allen Anforderungen genügen kann.

h) Beginnen Sie mit spielerischen Übungen wie Malen nach Musik, einfachen Funktionsübungen (s. S. 93, Absatz 5 a) und Gesellschaftsspielen (s. S. 99, Absatz 5 b).

i) Geben Sie Ihrem Kind Erfolgserlebnisse durch Aufgaben, die es schon kann oder die ihm nur wenig Mühe bereiten.

j) Wiederholen sie regelmäßig: nach ein bis drei Tagen eine Kurzwiederholung, ebenso nach etwa zehn Tagen. Nach ca. vier Wochen müssen besondere Schwierigkeiten nochmals aufgegriffen werden. Und auch dann wird der Übungsstoff noch nicht für immer »sitzen«.

k) Eine Legastheniebehandlung muß sicherlich über zwei Jahre hinweg geführt werden. In schweren Fällen dauert sie noch viel länger.

5. Welche Hilfen für welches Kind?

Grundsätzlich richten sich die Hilfen nach dem Schweregrad der Legasthenie und dem Alter des Kindes. Professor Othmar *Kowarik* schreibt in seinem Buch »Die Legasthenie und ihre methodische Behandlung«: » . . . Art und Schweregrad der Lese- bzw. Rechtschreibstörung sind bei jedem Legastheniker verschieden. Es gibt daher kein Material und auch keine perfekte Methode, die allen legasthenischen Kindern gerecht werden könnten.«

a) Hilfen im Grundschulbereich bei leichten Legasthenien

Bei leichten Lese-Rechtschreibschwächen genügt im allgemeinen eine intensive Unterstützung im Sinne der Schularbeitenhilfe, wie ich es im Kapitel VIII beschrieben habe. Schulische Förderkurse sollten zusätzlich besucht werden.

Wenn die Betreuung durch die Schule nicht möglich ist, oder Ihr Kind nicht gerne und freiwillig hingeht, können Sie selbst ohne allzu großen Aufwand Ihrem Kind helfen. Bevor Sie in irgendeiner Form mit Ihrem Kind arbeiten, sollten Sie kontrollieren, ob das *Alphabet* auch schriftlich »sitzt«, d. h. diktieren Sie große und kleine Buchstaben durcheinander. Merken Sie dabei, daß das Buchstabenschreiben noch Probleme bereitet, zeichnen Sie sich Alphabetübungen auf, wie sie im Heft Nr. 15, Rechen- und Reihenübungen, aus der Reihe »*Das macht mir Freude mit Kopf und Buntstift*« von *Kowarik-Kraft* im Jugend und Volk Verlag München, enthalten sind. Man malt solche Kästchen für das große und kleine Alphabet. Erst wenn das gut klappt, kann man sie durcheinander diktieren mit sich steigerndem Tempo. Für zusätzliche Alphabetübungen und zur Buchstabenfestigung können auch die beiden Hefte von *Kowarik-Kraft* »*Funktionstraining I und II*« genommen werden. Man vermeidet damit Diktatsituationen.

Wenn dann jeder einzelne Buchstabe geläufig geschrieben wird, können Sie mit leichten *Abschreibübungen* beginnen. Dies ist nicht nur wichtig zur Verbesserung der Rechtschreibfähigkeit, sondern auch, um die *Schreibgeschwindigkeit* zu steigern (unerläßlich für das spätere Mitschreiben eines diktierten Stoffes und das Abschreiben von der Tafel!). Die Texte müssen interessant sein und zunächst auch ganz leicht. Zuerst werden nur Silben geübt, dann Wörter und schließlich Satzteile und ganze Sätze. Beim Schreiben wird *die Silbe oder das Wort laut mitgesprochen*. Das hilft, Fehler zu vermeiden und prägt sich auch besser ein.

Merke: Beim Abschreiben sollte das Kind versuchen, nach genauem Hinschauen *auswendig zu schreiben!* Das geht anfangs nur silbenweise und wird dann langsam gesteigert. Ist das Kind unsicher, darf es noch einmal hinschauen, um dann wieder auswendig weiterzuschreiben. Dabei darf das *laute Mitsprechen* nicht vergessen werden!

Wenn Sie bei Abschreibübungen in dieser Weise vorgehen, werden sie auch erfolgreich sein. Aber üben Sie nicht länger als zehn Minuten täglich.

Für die Wörter, die immer wieder falsch geschrieben werden, legen Sie sich am besten eine *Fehler-Kartei* an. Auf Karteikarten werden die Fehlerwörter schön deutlich und groß geschrieben. Die Besonderheiten der Rechtschreibung kennzeichnet man mit Leuchtmarkern. Die Karteikarten werden dann alphabetisch geordnet. Auch das ist eine gute Übung für den Legastheniker. Mit dem Drei-Klassen-System: »gekonnt« – »noch nicht ganz sicher« – »unsicher« lassen Sie die geübten Wörter nach hinten wandern. Alle vier Wochen werden auch die Wörter in der Rubrik »gekonnt« noch einmal hervorgeholt und diktiert oder auswendig aufgeschrieben.

Merke: Einen Fehler zu vermeiden ist wichtiger, als ihn zu verbessern! Deshalb sollten Sie genau hinschauen, wenn Ihr Kind ein Wort schreibt. Bemerken Sie, daß ein Fehler entsteht, sagen Sie sofort – aber ganz ruhig: »Stop, bei diesem Wort wäre es besser, wenn du noch einmal überlegst, wie es geschrieben wird.«

Ist ein Fehler schon entstanden, sollte grundsätzlich das Wort ganz neu noch einmal notiert werden. So merkt sich das Kind die Rechtschreibung besser, als wenn der falsche Buchstabe nur übermalt wird.

Auch bei leichten Legasthenien mit anscheinend gutem Lesevermögen müssen Sie prüfen, ob Ihr Kind auch *genau* genug *liest*. Ratendes Lesen, auch wenn es sich nur um wenige Wörter handelt, rächt sich später bitter. Wählen Sie Bücher, die Ihr Kind mag und selbst ausgesucht hat. Lesen Sie im folgenden Abschnitt b) nach, wie man die Leseübungen am besten durchführen kann.

Geben Sie Ihrem Legastheniker Mut und Selbstvertrauen. Das ist der wichtigste Teil der Therapie.

b) Hilfen im Grundschulbereich bei schweren Legasthenien

Bei allen schweren Legasthenien sollte man sich nach der *exakten Diagnose* vom testenden Psychologen oder dem Bundesverband Legasthenie beraten lassen, welchen Umfang das Förderprogramm haben sollte. Im Rahmen dieses Buches ist es mir leider nicht möglich, ein umfassendes Therapieprogramm vorzustellen. Wenn aber Eltern dieses Buch gelesen haben und ausreichend über die Legasthenie informiert sind, können sie auf die Bücher zurückgreifen, die sich aus praktischer Erfahrung heraus primär an die Pädagogen wenden. Ich denke da u. a. an das ausgezeichnete Buch von Helmut *Tamm:* »*Die Betreuung legasthenischer Kinder*« im Beltz-Verlag.

Lesenlernen:

Da Lesenlernen leichter ist als Schreibenlernen, sollte bei schwereren Legasthenien am Anfang das Lesen gründlich geübt werden.

Im Falle einer ganz schweren Legasthenie, wenn Sie also bemerken, daß es Ihrem Kind kaum möglich ist, auch nur einen Buchstaben zu lernen und zu behalten, dann würde ich dringend raten, daß Sie sich eine gute *Lese-Fibel* mit der *Hand-*

zeichen-*Methode* anschaffen. Man nennt sie auch *Lautgebär-den.* Diese »Lautgebärden-Methode« wurde schon in den 20er Jahren für Lernbehinderungen entwickelt. Legasthenie-Therapeuten haben sie in letzter Zeit mit viel Erfolg eingesetzt. Frau Dr. Dummer arbeitet in Kiel seit ca. vier Jahren mit den Handzeichen. Mit der Fibel »*Horchen Zeigen Lesen*« (Heft 1 und Heft 2) von *Krenn-Kowarik* im Verlag Jugend und Volk (1982) liegt inzwischen ein vorzüglicher Lehrgang für Lese-Rechtschreibschwierigkeiten vor. Ich wünschte, ich hätte diese Methode schon vor 12 Jahren gekannt. Die unsagbare Mühe des Buchstaben-Einprägens wäre uns sicher sehr erleichtert worden.

Wenn die Legasthenie nicht so schwer ist, wird Ihr Kind auch ohne Lautgebärden-Fibel lesen lernen. Zum Üben sollten Sie aber, um Erinnerungen an die Schule zu vermeiden, nicht die dort benutzte Fibel nehmen. Ich ging – als meine Kinder einigermaßen lesen gelernt hatten – mit ihnen zusammen in die Buchhandlung, nachdem ich den Buchhändler vorher orientiert hatte, damit er nicht zu schwere Lektüre anbot. Die Kinder konnten selber entscheiden, ob sie lieber Schreib- oder Druckschrift lesen wollten. Wichtig ist, daß die Bücher viele Bilder enthalten und einen großen Druck mit vielen Absätzen haben. Natürlich dürfen auch keine zu schwierigen Wörter darin vorkommen. Der Inhalt sollte möglichst spannend sein.

Sehr gute Erfahrungen machte ich mit den *Ravensburger Taschenbüchern:* »Lesestufe 1 und Lesestufe 2«. Etwas schwieriger sind die »*rotfuchs-Taschenbücher*« aus dem Rowohlt-Verlag.

Das *genaue Lesen* kann nicht lange genug geübt werden! Anfangs setzt man unter schwere Wörter Silbenbögen, mit Leuchtmarkern können Schwierigkeiten markiert und am nächsten Tag dann leichter wiederholt werden. Der Satz wird zunächst in kürzere Sinnabschnitte aufgeteilt. Das Kind sollte auch nur die Zeile sehen, die es gerade liest, decken Sie also den übrigen Text ab.

Wichtig: Ihr Kind muß laut lesen! Wenn anfangs unbekannte Texte zu große Schwierigkeiten machen, kann man den Text erst einmal vorlesen, während das Kind mit ins Buch schaut.

Die *Lesedauer* kann Ihr Kind selbst bestimmen. Länger als zehn Minuten wird es sich in den ersten Jahren nicht aufs Lesen konzentrieren können.

Unser Sohn, der im 3. Schuljahr noch nicht lesen konnte, hat mit all diesen Hilfen, die ich auch unter anderem noch im Kapitel VIII und in diesem Kapitel (s. S. 102, Absatz: Spiele, die man nicht zu kaufen braucht) beschrieben habe, so gut lesen gelernt, daß er beim Eintritt ins Gymnasium bereits schwierige Texte über Verhaltensforschung im Brehm las und seitdem vor keinem Buch, sei es auch noch so dick, zurückschreckt. In Streßsituationen liest er allerdings noch hin und wieder ungenau. Das führt bei Textaufgaben in Mathematik und bei Arbeitsanweisungen mit erschwertem Textverständnis leider immer wieder zu Fehlleistungen.

Förderprogramme und Arbeitsmaterialien für die Rechtschreibung:
Die Autoren *Helga und Helmut Tamm* haben ein umfangreiches Förderprogramm entwickelt, das ich nach wie vor für das beste halte. Es heißt: »*Lies mit uns, schreib mit uns*«, ist im Beltz-Verlag erschienen, und zwar für die Klassenstufen 2/3, 3/4 und 5/6. Nach meinen Erfahrungen sollte man bei schweren Legasthenien in den Klassenstufen des Buches lieber zurückgehen, d. h. für ein Kind im 4. Schuljahr ist zunächst das Buch für die 2./3. Klassenstufe völlig ausreichend. Es ist aber wichtig, daß Sie sich mit den Arbeitsbüchern gründlich beschäftigen und das schon erwähnte Buch der Autoren: »*Die Betreuung legasthenischer Kinder*« ebenfalls lesen.
Niemals aber sollte man sich nur auf ein einziges Förderprogramm stützen! Um die Arbeit mit dem Kind so abwechslungsreich wie möglich zu gestalten, müssen eine Reihe verschiedener Arbeitsmaterialien eingesetzt werden.
Ich selber habe neben dem »Tamm«, den ich in allen Klassenstufen gründlichst durchgearbeitet habe, mit meinen Kindern noch sehr viel Material ausprobiert. Nicht alles ist empfehlenswert, und immer sollte das *Arbeitsmaterial Kind und Eltern gefallen.*
Aus eigenen Erfahrungen halte ich als Zusatzprogramm zum »Tamm« die Arbeitsmaterialien von *Kowarik-Kraft* im Verlag Jugend und Volk für ausgezeichnet:
Für die konzentrations- und richtungsgestörten Kinder ist in der *Grundschule* das *Funktionstraining* »*Kannst du das auch*« sehr geeignet.
Darauf aufbauend ist zu empfehlen das »*Funktionstraining 1 für lese-rechtschreibschwache Schüler*«, das der Buchstaben-

festigung, den Alphabet- und Uhrzeitübungen dient und auch Rechenschwierigkeiten behandelt.

Das »*Funktionstraining 2*« enthält Übungen zur Raumorientierung, Alphabetübungen und Kreuzworträtsel, die allerdings nicht einfach sind.

Unbedingt sollte meines Erachtens bei allen schweren Legasthenien die »*Leseuhr*« von *Kuhlemann* vorhanden sein, erschienen im Verlag für Lernmittel in Weilheim. Sie ist zwar recht teuer, aber die Übungsmöglichkeiten zum Auf- und Abbau von Silben und Wörtern sind unerläßlich und machen den Kindern mit dieser Leseuhr auch tatsächlich Spaß. Sie brauchen nicht selbst zu schreiben, und das »Spielen mit der Technik« lenkt sie ab von der pädagogischen Notwendigkeit dieser Übungen.

Wer im Grundschulalter *zusätzliches Übungsmaterial* für spezielle Schwächen wie z. B. »d–t«-Übungen oder »Dehnungen« und »Schärfungen« sucht, kann auf die Hefte von *Kowarik-Kraft: »Das macht mir Freude mit Kopf und Buntstift*« zurückgreifen. Solche Regelübungen sind immer langweilig, meist mit viel Schreibarbeit verbunden und auch nicht sehr motivierend. Deshalb sollte man nie den ganzen in Frage kommenden Stoff üben, sondern ihn so einteilen, daß eine kürzere Wiederholung am nächstenTag und nach etwa zehn Tagen möglich ist. Auch hier läßt sich sinnvoll mit einer *Fehlerkartei* arbeiten, wie ich es bei den leichten Legasthenien beschrieben habe. Da meine Söhne, wie alle schweren Legastheniker, eine Abneigung gegen jegliche Art von Schreiben hatten, beschriftete ich die Karteikarten mit deutlicher Schrift selber. Bei Wiederholungen durften sie das Wort genau anschauen und auswendig auf *Zettel schreiben, die sie am Ende der Übung mit Wonne zerrissen haben.* Ich habe deshalb den Papierkorb nur selten geleert, denn je mehr er sich füllte, um so stärker hatten sie das Bewußtsein, wirklich enorm fleißig gewesen zu sein!

Zum nötigen Spaß bei der Arbeit tragen noch folgende *kleine Arbeitsmittel* bei:

1. »*Was paßt zum Bild*« Von Prof. Eberhard *Schomburg* im Verlag Schule und Elternhaus, Vellmar. Die Bildkarten lassen sich auch ohne Schreibarbeit nur für Leseübungen verwenden.

2. »*Rätselhefte für Kinder*« von Lieselotte *Schmidt* aus demselben Verlag. Es ist ein Kreuzwort- und Silbenrätselheft mit Wörter- bzw. Lösungsverzeichnis. Allerdings sind meines

Erachtens in manchen Fällen die Kästchen für die Lösungs-
buchstaben etwas zu klein, um deutliche Buchstaben malen
zu können. Für Kinder, die damit noch Schwierigkeiten
haben, kann man sich aber mit einem Rechenblatt mit
großem Karo helfen.

3. »*Diese Wörter muß ich können*« von Prof. *Schomburg* im
selben Verlag. Dieses Arbeitsmittel hat 125 häufig benutzte
und oftmals lebenslang falsch geschriebene Kleinwörter zum
Inhalt. Mit Hilfe der Fehlerkartei lassen sie sich üben.

4. »*Hundert Hilfen Nr. 9*« im oben genannten Verlag ist eine
Art Lotto, mit dem sich die Kleinwörter und leicht miteinander zu verwechselnde Silben üben lassen.

5. »*Wer kann reimen*«, auch im Verlag Schule und Elternhaus,
sind kleine Kärtchen mit jeweils vier zu ergänzenden Reim-
wörtern, die Spaß und kaum Schreibarbeit machen.

6. »*Schreib-Lese-Übungen*« von Waltraut *Rath*, ebenfalls Verlag Schule und Elternhaus, erfordern zwar etwas mehr
Schreibarbeit, aber sie bringen auch Abwechslung.

Ich probierte mit meinen Kindern auch das *Schreibmaschine-
schreiben* aus, natürlich nur das »Einfinger-Tippsystem«.
Nachdem sie Spaß daran fanden, ließ ich sie die linke Seite der
Maschine mit dem linken Zeigefinger und die rechte Hälfte mit
dem rechten Zeigefinger bedienen, um ihnen ein besseres
Gefühl für rechts und links zu geben. Natürlich half ich ihnen
anfangs, indem ich ihnen bei jedem Buchstaben zeigte, wo er
lag. Beim Schreiben mit der Maschine machen die meisten
wesentlich weniger Fehler, weil sie gezwungen sind, wirklich
Buchstabe an Buchstabe zu reihen und ihr Produkt auch besser
lesen können als ihre Handschrift. Und sie müssen sozusagen
nicht »selber« schreiben. Ich benutzte ein schwarz-rotes Farb-
band für die Schreibmaschine. Das brachte mehr Spaß in die
Übungen.
Bei sehr schweren Legasthenien erfordert dieses Schreiben
aber einen erheblichen Konzentrationsaufwand und geht sehr
langsam. Deshalb legte sich bei meinen Kindern die anfängliche
Begeisterung auch wieder.

Arbeitsmittel und Hilfen für das Rechnen:
Für Kinder, die auch Schwierigkeiten im *Rechnen* haben, eignet
sich ausgezeichnet das Heft Nr. 15, Rechen- und Reihenübungen, von *Kowarik-Kraft* im Verlag Jugend und Volk. Mit

diesem Heft habe ich bei der sehr schweren Rechenlegasthenie unseres Sohnes noch im 3. und 4. Schuljahr erfolgreich gearbeitet.

Auch die damit einhergehenden Schwierigkeiten beim Erlernen von Wochentagen, Monatsnamen und des Alphabetes können mit diesem Heft ausgezeichnet geübt werden.

Zusätzlich braucht man bei solchen Kindern unbedingt ein *Hunderter-Steckbrett* mit bunten Steckern. Auch bunte Knöpfe und flache Plättchen in verschiedenen Größen und Farben (Floh-Spiel) sollte man haben, um den Kindern ein räumliches Vorstellungsvermögen der Zahlenmenge zu geben.

Alle *Rechenspiele,* die ich weiter hinten in diesem Kapitel aufgeführt habe, können zu den Rechenübungen erfolgreich eingesetzt werden.

Um das *Einmaleins* zu üben, brauchen Sie viel Geduld und Zeit. Und auch ein bißchen Mut gegenüber der Schule, denn Sie sollten erst dann mit dem Üben der nächsten 1×1-Reihe anfangen, wenn die vorhergehende wirklich gut »sitzt«. Am besten sprechen Sie mit dem Lehrer und bitten ihn, Ihr Kind im Mündlichen beim Einmaleins eine Weile zu übergehen. Schwierig wird es bei den Klassenarbeiten, wenn Ihr Kind noch nicht so weit ist wie die anderen. Ich kenne sehr mutige Mütter, die haben ihren Legastheniker vor einer Rechenarbeit regelrecht »krank geredet«. Ein entmutigter Legastheniker glaubt schnell, daß er tatsächlich krank sei, wenn man ihm nur eindringlich genug sagt, wie schlecht er aussähe und daß er sicher Fieber habe. Daß man ein solches Vorgehen nicht zum Prinzip werden lassen darf, ist wohl klar. Aber ab und an einmal eine drückende Sorge weniger, das tut dem Legastheniker nur gut!

Noch ein *Hinweis* zum Einmaleins-Lernen: Alle Reihen mit ungeraden Zahlen sind schwer zu lernen – Ausnahme ist das 1×5. Die schwierigste Reihe ist die 1×7. Lassen Sie sich deshalb Zeit, denn wenn das kleine Einmaleins nicht klappt, wird es mit dem großen Einmaleins nie etwas werden.

Gesellschaftsspiele:
Sie sind zur Auflockerung des Förderprogramms unerläßlich. Bei meinen Kindern erlebte ich aber immer wieder, daß sie viele Spiele nicht mochten, obwohl ich ganz bewußt jede Wettbewerbssituation ausgeschaltet hatte. Sie witterten wohl die pädagogische Absicht dahinter. So war ich mit jeder Art von

Puzzlen nicht sehr erfolgreich. Wahrscheinlich machten sie ihnen als schwer visuell gestörten Kindern zu große Mühe. Auch »Scrabble« haben sie nicht gemocht. Leichter ging es dagegen mit der »Buchstabensuppe«. Sehr gern spielten sie auch »Schau genau«, vermutlich, weil ich damit mindestens solche Mühe hatte wie sie selber. Der weniger raumlagegestörte Sohn spielte mit Begeisterung jede Art von Memory und war ohne große Anstrengung stets besser als ich. Mit dem in der »Raum-Lage« schwer gestörten Sohn spielte ich Memory in der Form, daß wir uns gegenseitig halfen, das Richtige zu finden.

Ich nenne Ihnen nachfolgend einige Spiele, die ich besonders geeignet fand:

1. *Spiele für das optische Wahrnehmungstraining und für Unterscheidungsübungen, auch als Konzentrationstraining zu gebrauchen:*
   * Differix   (Konzentrations-   Ravensburger Spiele
                      tionslotto)
   * Schau genau   (Konzentrations-   Ravensburger Spiele
                      tionslotto)
   * Contact   (optisches Trai-   Ravensburger Spiele
                      ning)
     Memory   in den verschie-   Ravensburger Spiele
                      densten Arten
     Puzzle   in den verschie-   Ravensburger Spiele
                      densten Aus-
                      führungen

   (Die Serie »Geographie-Puzzle« von MB Milton Bradley ist zu empfehlen, allerdings enthält dies Puzzle 280 Teile. Deshalb wird es für schwere Legastheniker nicht geeignet sein.)

   Spitz paß auf   Schmidt-Spiele
   Hasch mich   Habermaass-Spiele
   Schnipp-Schnapp   Ravensburger Spiele
   Koffer packen   Ravensburger Spiele
   Reversi   Ravensburger Spiele

   Die letzten 5 Spiele sind alle als Konzentrationsspiele geeignet. Es genügt aber ein Spiel dieser Art.

2. *Spiele zur Sprachförderung (akustische Differenzierung) und für Leseschwierigkeiten:*
   * Wörter sind nur halb so schlimm   Ravensburger Spiele
     (Dieses Spiel sollten Sie unbedingt besitzen. Es erspart

Ihnen die Anschaffung von 4 Einzelspielen. Sie können damit das Abc, optische und akustische Probleme üben, den Auf- und Abbau eines Wortes und auch die Konzentration.)

* Sprechlernspiele	Ravensburger Spiele

(besonders geeignet bei schweren Legasthenien!)

* Wörter sprechen – Laute hören	Ravensburger Spiele
* Wörterschlange	Ravensburger Spiele
* ABC–Spiele	Ravensburger Spiele
Wortspiele	Ravensburger Spiele
Magnetic	Queretti-Spiele

(Groß-, Kleinbuchstaben und Zahlen!)

Junior-Scrabbel	Spear-Spiele
Scrabble	Spear-Spiele
Buchstabieren	Spear-Spiele

(dieses Spiel entspricht dem Lese-Lotto von Ravensburg)

Buchstabensuppe	Schmidt-Spiele
Wir drucken	Finkenlernspiele

(enthält nicht spiegelbildliche Groß- und Kleinbuchstaben – sehr zu empfehlen!)

Wer kennt die Uhr	Ravensburger Spiele

(Dieses Spiel ist dringend anzuraten für alle, die nur schwer die Uhr lesen lernen. Bei schwerer Legasthenie sollte man die Übungen nur langsam steigern und auf jeden Fall die römischen Ziffern zunächst auslassen!)

3. *Für Rechenschwierigkeiten:*

Rechenlotto	Ravensburger Spiele
Erstes Rechnen	Ravensburger Spiele
Lustiges 1 × 1	Spear-Spiele

Alle mit einem * gekennzeichneten Spiele werden von Maier Ravensburg als besonders geeignet für Legastheniker bezeichnet. Ich stimme dieser Beurteilung zu.
Für Eltern ist aber die Vielfalt der in Frage kommenden Spiele verwirrend. Ich rate Ihnen deshalb, sich die Spiele mit Ihrem Kind zusammen anzusehen. Lassen Sie sich Zeit bei der Auswahl und beraten Sie sich mit einer erfahrenen Verkäuferin, welches Spiel für die jeweiligen Schwächen Ihres Kindes geeignet sein könnte. Grundsätzlich sind Spiele in jeder Form sehr wichtig als Auflockerung in der Legasthenikerarbeit.

Spiele, die man nicht zu kaufen braucht:
Um das »genaue Hinhören« und deutliches Sprechen zu üben, eignet sich vorzüglich das Spiel »Stille Post« mit dem Ziel, das Wort möglichst genau wiederzugeben.
Oder: »Ich sehe was, was du nicht siehst, es fängt mit B an.«
Oder: »Hören auf Buchstaben«: »Was hörst du in dem Wort ›Kartoffel‹ nach dem ›a‹?« »Im Wort ›Finger‹ nach dem ›i‹?«
Auch ähnlich klingende Wörter lassen sich so üben: Was hörst du in »Kirche« nach dem »K« und in »Küche« nach dem »K«, in »Leiter« und in »leider« nach dem »ei«, oder was hörst du bei dem Wort »Licht« und »nicht« am Anfang und am Ende?
Oder: Die beliebten Abzähl- und Kinderreime. Sie zwingen zur genauen Aussprache, auch Abc- und Wochentagsübungen sind dabei, und lustig sind sie auch noch! (In dem Buch »*Stöffele Pantöffele*« von *Künemund* und *Lück* im Thienemann Verlag sind sie alle gesammelt.)
Oder: Für rechts-linksschwache Kinder eignet sich das Spiel: »Mein rechter Platz ist leer, ich wünsche mir... (die Lotte) her.«
Oder: Großflächiges Malen mit Filz- und Wachsmalstiften oder mit Wasserfarben trägt zur Entkrampfung der Schreibsituation bei. Auch Malen nach Musik lieben manche Kinder. Am besten nimmt man alte Tapetenrollen oder Makulaturpapier (im Zeitungsverlag zu erhalten). Auch zur Unterscheidung von ähnlichen Buchstaben kann man das Malen zur Hilfe nehmen. Die dunkel klingenden Buchstaben erhalten blaue Farben, die hellen eine rote.
Oder: Zum Lesenüben kann man das Spiel »*Lesehüpfen*« verwenden. Jeder sucht sich aus einem beliebigen Text ein Wort aus und liest es. Der andere muß dann suchen, wo das Wort steht. Diese Übung eignet sich ausgezeichnet, um »überfliegendes Lesen« zu trainieren. Natürlich darf dieses Spiel erst dann zur Anwendung kommen, wenn das Kind bereits geläufig lesen gelernt hat, also vorwiegend erst nach der 4. Klasse.
Oder: Das Suchbild in Illustrierten eignet sich hervorragend, um das »genaue Hinschauen« zu trainieren.

c) Hilfen im Sekundarbereich bei allen Legasthenieformen

Zu diesem Zeitpunkt hängt die Elternhilfe wesentlich davon ab, wie schwer betroffen und wie belastungsfähig die Kinder sind. Meine Kinder waren – nicht zuletzt durch die schwere

Fremdsprachenlegasthenie und weitgehendes Unverständnis der meisten Lehrer – in der 5. und 6. Klasse so belastet, daß ich außer der gründlichen Entlastung und Hilfe bei den Hausaufgaben (Kapitel VIII) nicht mehr viel an spezieller Legasthenietherapie durchführen konnte.
Ich habe auch bewußt ab Klasse 5 die Förderung in Deutsch zugunsten von Englisch zurückgestellt.

1. Allgemeine Hilfen:

Die meisten der auf den vorhergehenden Seiten beschriebenen *Spiele* lassen sich auch jetzt noch im Sekundarbereich anwenden. Bei den Spielen, die Sie selber herstellen können, möchte ich auch noch ein Spiel für die *unregelmäßigen Verben* in Englisch erwähnen. Ein Vater erfand es für seine legasthene Tochter:
In einer Art modifiziertem Memory beschriftete er Karten mit den drei Stammformen. Jedes Kind muß nun durch Aufdecken der Karten wie beim Memory oder auch durch Abfragen beim Nachbarn in der Art eines Quartetts versuchen, alle drei Formen eines Verbs zu erhalten und in der richtigen Reihenfolge sortiert vor sich hinzulegen. Eine großartige und empfehlenswerte Übung besonders für die Kinder, die zwar mechanisch die Reihenfolge reproduzieren können, aber versagen, wenn z. B. zum Verb »went« die Grundform gesucht wird. Um anfänglich das Spiel nicht zu sehr zu erschweren, kann man sich auch nur auf zwei Karten beschränken, d. h. auf die eine Karte schreibt man die Grundform, auf die andere die beiden Vergangenheitsformen. Wenn das dann klappt, läßt sich das Spiel mit drei Karten erschweren.
Die bereits genannten Hefte *Funktionstraining 1 und 2* von *Kowarik-Kraft* (s. S. 96f.) lassen sich auch jetzt noch erfolgreich einsetzen.

2. Für den Deutschunterricht:

Der *Schüler-Duden* ist unerläßlich! Das Suchen im Lexikon bleibt für Legastheniekinder stets ein Problem. Um so wichtiger sind häufige Nachschlagübungen. In höheren Klassen muß auch bei fremdsprachlichen Klassenarbeiten das Lexikon gebraucht werden. Legastheniker sind dann immer im Nachteil, wenn ihnen das alphabetische Suchen noch Probleme bereitet.
Ein Übungsmaterial, mit dem alle Eltern gut zurechtkommen

werden, ist das »*Spezifische Rechtschreibtraining 1, 2 und 3 für lese- und rechtschreibschwache Schüler*« von *Kowarik-Kraft* im Verlag Jugend und Volk. Natürlich machen solche Regelübungen nicht besonders viel Spaß, deshalb sollte von jedem Schwierigkeitsgrad nur ein Teil des vorgesehenen Stoffes geübt und in Abständen noch mehrmals wieder aufgegriffen werden.

Ein umfassendes Trainingsmaterial, das sehr motivierend gestaltet ist, liegt mit dem *Tamm 5./6. Klasse* im Beltz Verlag vor. Auch Eltern können gut damit umgehen.

Wer nur einzelne Rechtschreibregeln üben möchte oder wer Übungsstoff zur Grammatik braucht, sollte sich das Buch »*Der deutsche Aufsatz I*« von K. A. *Dostal* im Leitner Verlag kaufen.

Über eine gute Grammatik habe ich bereits im Kapitel VIII geschrieben.

Diktieren Sie häufig einmal kürzere Texte aus den Schulbüchern. Es kommt dabei *nicht* auf die Fehler an, sondern auf das *Schnellschreibtraining*. Der Legastheniker scheitert immer wieder an seinem Unvermögen beim Mitschreiben. Aber gerade das Notieren ist in höheren Klassen und im späteren Studium nicht zu umgehen.

Die *Mitschreibübungen* des schulischen Alltags lassen sich auch folgendermaßen trainieren: Man liest dem Kind einen fremden Text vor und läßt es nur die Stichwörter mitschreiben. Legastheniker können das überhaupt nicht, weil sie Angst haben, daß sie aufgrund der wenigen und sicherlich falsch geschriebenen Wörter den Sinn später nicht mehr erfassen.

Alle diese Fertigkeiten lassen sich gut und sinnvoll trainieren. *Diese Übungen sind wichtiger, als man zunächst annehmen möchte.*

Auch die *Leseübungen* habe ich schon im Kapitel VIII beschrieben. Ich verweise auf das unter dem Absatz »Spiele, die man nicht kaufen muß« erwähnte Spiel »Lesehüpfen« (s. S. 102). Dieses Training macht Spaß und ist unerläßlich zum Üben des schnellen, überfliegenden Lesens, das in höheren Klassen und im täglichen Leben gebraucht wird.

Meine Kinder lasen mir, während ich mit Hausarbeit beschäftigt war, ganz gern lustige Bücher vor. *Laute Leseübungen sind auch jetzt noch sehr wichtig!*

Über den Umgang mit einem *Karteikasten* für Rechtschreibübungen schrieb ich bereits im Abschnitt a) in diesem Kapitel, S. 93, und im Kapitel VIII (S. 68 f.), ebenso über die Arbeit mit der *Schreibmaschine* (S. 98, Abschnitt b) und dem *Alphabet* (S. 92 f., Abschnitt a).

Wenn dem Legastheniker Bedeutung und Rechtschreibung der *Fremdwörter* Schwierigkeiten bereiten, dann könnten Sie sich als zusätzliches kleines Arbeitsmaterial aus dem Verlag Schule und Elternhaus einiges aus der Serie »Fremdwörter«, z. B. in Rätselform, anschaffen. Ein bißchen knobeln muß man dabei, aber die Auflösungen sind hinten in den Heftchen angegeben. Das Üben zumindest der gebräuchlichsten Fremdwörter ist leider notwendig, besonders dann, wenn die Schreibweise ungewöhnlich ist. Der ganze Duden nutzt dem Legastheniker nichts, wenn er beispielsweise auf der Suche nach dem Wort »Rhetorik« unter »Re« oder bei »Szene« unter »Z« nachschlägt. Eine ungefähre Vorstellung, wie das Fremdwort geschrieben werden könnte, sollte der Legastheniker schon haben.

3. Rechenübungen:
Das große und kleine Einmaleins wird noch Schwierigkeiten bereiten, ebenso das Umrechnen in größere und kleinere Einheiten und das Bruchrechnen. Alles muß intensiv geübt werden, denn diese Grundlagen fehlen dem Legastheniker sonst später. Unsere eigenen Erfahrungen haben uns gezeigt, daß die Lücke in den Grundrechenarten für die ganze Schulzeit zum Stolperstein werden kann. Bei einem unserer Söhne stellte sich später eine ausgesprochene Mathematik-Begabung heraus. Er war einer der Besten im Leistungskurs. Und doch wagte er nicht, Mathematik als Leistungsfach für das Abitur zu nehmen, weil er seine legasthenischen Schwächen, u. a. auch in den Grundrechenarten, zu sehr fürchtete.

4. Übungen für Englisch:
Die Hilfen für Englisch habe ich im Gegensatz zu denen bei den muttersprachlichen Übungen intensiv eingesetzt. Eine starke Unterstützung in den ersten beiden Englischjahren war für mich wichtiger als die Legasthenietherapie der Muttersprache, zumal wir mit der Fremdsprachenlegasthenie schon genug zu tun hatten und deshalb für andere Übungen auch kaum noch Zeit blieb.

Der Schwerpunkt meiner Hilfe lag bei den Hausaufgaben. Im Kapitel IX habe ich geschrieben, wie man auf diesem Gebiet wirkungsvoll helfen kann. Auch wie sich sonst noch eine gezielte Unterstützung im Bereich der englischen Sprache einsetzen läßt, erfahren Sie im Kapitel IX. Ein interessantes Spiel zum Erlernen der unregelmäßigen Verben habe ich in diesem Kapitel (S. 103) beschrieben.

5. Übungen für Latein:
Für dieses Fach kann ich die *Manz Lernhilfen Latein* empfehlen. Sie sind den verschiedenen Lateinjahren angepaßt und enthalten immer einen Lösungsteil, so daß man auch als Nicht-Lateiner die Möglichkeit hat, die Aufgaben zu überprüfen.
Den *Vokabelkasten* zum Grundwortschatz gibt es auch für Latein (von Klett), allerdings noch nicht in der vorzüglichen Ausgabe wie für Englisch.

XI. Literaturverzeichnis

ANGERMAIER, M.: Legasthenie. Fischer Taschenbuch 6306, Frankfurt 1976

ATZESBERGER, M.: Prävention und Intervention bei Lese-Rechtschreibversagen und Lese-Rechtschreibschwäche. Dürr, Bonn/Bad Godesberg 1981

BETZ, D. und BREUNINGER, H. in : L. Dummer/M. Atzesberger (Hrsg.), Legasthenie – Bericht über den Fachkongreß 1980. Reha-Verlag, Bonn

BIGLMAIER, F. in: E. Schwartz (Hrsg.), Legasthenie – ein pädagogisches Problem, Bd. 8. Arbeitskreis Grundschule e. V., Frankfurt 1973

CRITCHLEY, M.: Development Dyslexia. London 1964

DOERNBERG, G. : Die Betreuung von Legasthenikern der Sekundarstufe I in der Schulpraxis. Diesterweg, Frankfurt 1978

DUMMER, L.: Die Diagnose der Legasthenie in der Schulklasse. Julius Klinkhardt, Bad Heilbrunn/Obb. 1977

DUMMER, L.: Legasthenie – eine Behinderung? In: LRS 1/1980 und LRS 1/1982, Informationsorgan des Bundesverbandes Legasthenie, Reha-Verlag, Bonn und in: Rhein, R. (Hrsg.): Wir sind Legastheniker. Ullstein, Frankfurt/Berlin/Wien 1982

DUMMER, L./ATZESBERGER, M.: Legasthenie-Fachkongreß 1980. Reha-Verlag, Bonn

EBEL, V.(Hrsg.): Legasthenie – Bericht über den Fachkongreß 1976. Eigenverlag des Bundesverbandes Legasthenie

EBEL, V.(Hrsg.): Legasthenie – Bericht über den Fachkongreß 1978. Reha-Verlag, Bonn

GRISSEMANN, H.: Legasthenie und Rechenleistungen. Huber, Bern/ Stuttgart/Wien 1974

GRISSEMANN, H.: Die heilpädagogische Betreuung des legasthenischen Kindes. Bern 1972

GRÜTTNER, T.: Legasthenie ist ein Notsignal. rororo Elternrat, Reinbek b. Hamburg 1980

HELD, F.: Legasthenie-Fibel für Ärzte. Institut für Kinder und Jugendpsychiatrie, Stuttgart 1975

HÖGER, D.: Einführung in die pädagogische Psychologie. Kohlhammer Stuttgart/Berlin/Köln/Mainz 1972

KLASEN, E.: Das Syndrom der Legasthenie. Huber, Bern/Stuttgart/ Wien 1971

KOWARIK, O./KRAFT, J.: Die Legasthenie und ihre methodische Behandlung. Jugend und Volk, Wien/München 1973

LOHMANN, B.: Müssen Legastheniker Schulversager sein? Reinhardt, München 1982

MALMQUIST, E.: Eine Untersuchung zu Faktoren, die mit Lesestörungen bei Kindern des ersten Schuljahres verbunden sind. In: R. Valtin (Hrsg.), Einführung in die Legasthenie. Beltz, Weinheim/Basel 1973

MEYER, H./MEYER, R.: Lese-Rechtschreibschwäche und ihre Behandlung im Unterricht (I) und (II). Schroedel, Hannover 1974

MÜLLER, R.: Anleitungsbuch zum Material für gezieltes Rechtschreibtraining. Beltz, Weinheim/Basel 1969

MÜLLER, R.: Leseschwäche, Leseversagen, Legasthenie, Bd. 1 und 2. Beltz, Weinheim/Basel 1974

PILZ, D./SCHUBENZ, S.(Hrsg.): Schulversagen und Kindertherapie. Pahl-Rugenstein, Köln 1979

RENTZ, R.: Neuere Ergebnisse der Legasthenie-Forschung. In: Sozialpädiatrie in Praxis und Klinik, Heft 9,4. Jahrgang 1982

RHEIN, R.(Hrsg.): Wir sind Legastheniker. Ullstein, Frankfurt/Berlin/Wien 1982

SCHENK-DANZINGER, L: Ist die Legasthenie wirklich ein Milieuproblem? und Eine neue Untersuchung von Problemen der Raum-Lage-Unsicherheit legasthenischer Kinder. In: E. Schwartz (Hrsg.), Legasthenie – ein pädagogisches Problem, Bd. 8. Arbeitskreis Grundschule e. V., Frankfurt 1973

SCHLEE, J.: Legasthenieforschung am Ende? Urban und Schwarzenberg, München/Wien 1976

SCHWARTZ, E.(Hrsg.): Legasthenie – ein pädagogisches Problem, Bd. 8. Arbeitskreis Grundschule e. V., Frankfurt 1973

SCHULTE, B./TRENK-HINTERBERGER, P.: Legasthenie und Sozialrecht. Reha-Verlag, Bonn 1982

SOMMER, E.: Diktat: Note 6. Klett Extra für Eltern, Stuttgart 1972

STÄDELI, H.(Hrsg.): Die leichte frühkindliche Hirnschädigung. Huber, Bern/Stuttgart/Wien 1972

STRAUB, A./ATZESBERGER, M.: Die Förderung des Legasthenikers in der Schule, Klett, Stuttgart 1974

TAMM, H.: Die Betreuung legasthenischer Kinder. Beltz, Weinheim/Berlin/Basel 1972

VALTIN, R. in: M. Angermaier, Legasthenie. Fischer Taschenbuch 6306, Frankfurt 1976

VALTIN, R. in: Legasthenie – ein pädagogisches Problem, Bd. 8. Arbeitskreis Grundschule e. V., Frankfurt 1973

VALTIN/JUNG/SCHEERER-NEUMANN: Legasthenie in Wissenschaft und Unterricht: Leseprozeßmodell, Fremdsprachenlegasthenie und Erstlesedidaktik. Wissenschaftliche Buchgesellschaft, Darmstadt 1981

WEINSCHENK, C.: Rechenstörungen bei sonst normaler Intelligenz – ihre Diagnose und Therapie. In: V. Ebel (Hrsg.), Legasthenie – Bericht über den Fachkongreß 1978. Reha-Verlag, Bonn

WEINSCHENK, C.: Die erbliche Lese-Rechtschreibschwäche und ihre sozialpsychiatrischen Auswirkungen. Huber, Bern/Stuttgart 1962

Bitte umblättern:

auf den nächsten Seiten informieren
wir Sie über weitere interessante
Fischer Taschenbücher.

Psychologie / Pädagogik

Legasthenie
Herausgegeben von Michael
Angermaier
Band 6306

George R. Bach / Herb Goldberg
Keine Angst vor Aggression
Band 3314

Hellmuth Benesch/
Walther Schmandt
Manipulation und wie man ihr
entkommt
Band 3310

Dieter Boßmann
Die verdammten Hausaufgaben
Was können Eltern tun?
Band 3012

Ann Faraday
Deine Träume – Schlüssel zur
Selbsterkenntnis
Ein psychologischer Ratgeber
Band 3306

Otto F. Gmelin
Mama ist ein Elefant
Die Symbolwelt der
Kinderzeichnungen
Band 3305

Rolf Grigat
Konflikte zwischen jung und alt
Ratschläge für den Umgang mit
Jugendlichen
Band 3301

Klaus D. Heil/
Hans Uwe Jaensch
Weniger Alkohol
Ein Programm zur
Selbstkontrolle
Band 1921

Winfried Klinke
Womit soll mein Kind spielen?
Band 3309

Ranne Michels/Rainer Kippe
Guter Hoffnung
Wie wir die Angst vorm Kinder-
kriegen überwanden
Band 3315

Nossrat Peseschkian
Der Kaufmann und der Papagei
Orientalische Geschichten als
Medien in der Psychotherapie
Band 3300

Barbara Sichtermann
Leben mit einem Neugeborenen
Ein Buch über das erste
halbe Jahr
Band 3308

Sven Wahlroos
Familienglück kann jeder lernen
Band 3302

Gerlinde M. Wilberg
Zeit für uns
Ein Buch über Schwangerschaft,
Geburt und Kind
Band 3307

Fischer Taschenbuch Verlag

Gesundheit / Sport / Spiele

Frank R. Bahr
Ohr-Akupunktur
Neue Waffe gegen viele Leiden
Band 3006

Kenneth H. Cooper
Bewegungstraining
Praktische Anleitung zur Steigerung der Leistungsfähigkeit
Band 1104

Mildred und Kenneth H. Cooper
Bewegungstraining für die Frau
Band 1608

Dietmar M. Woesler
Spiele, Feste, Gruppenprogramme
Band 3011

Kareen Zebroff
Yoga für jeden
Band 1640
Schön und schlank durch Yoga
Das 14-Tage-Yoga- und Diätprogramm
Band 1875

Kareen und Peter Zebroff
Yoga für die Familie
Band 1762

Fischer Taschenbuch Verlag

Dieses Buch macht allen betroffenen Eltern **Mut. Sie erfahren, d**aß Legasthenie kein unabwendbares Schicksal ist. Mit der Legasthenie zu leben und sie zu bessern – das läßt sich lernen!

Originalausgabe

ISBN 3-596-23327-5